日本語学習者の「から」にみる
伝達能力の発達

シリーズ 言語学と言語教育

第 1 巻　日本語複合動詞の習得研究−認知意味論による意味分析を通して　松田文子著
第 2 巻　統語構造を中心とした日本語とタイ語の対照研究　田中寛著
第 3 巻　日本語と韓国語の受身文の対照研究　許明子著
第 4 巻　言語教育の新展開−牧野成一教授古稀記念論文集
　　　　 鎌田修，筒井通雄，畑佐由紀子，ナズキアン富美子，岡まゆみ編
第 5 巻　第二言語習得とアイデンティティ
　　　　 −社会言語学的適切性習得のエスノグラフィー的ディスコース分析　窪田光男著
第 6 巻　ポライトネスと英語教育−言語使用における対人関係の機能
　　　　 堀素子，津田早苗，大塚容子，村田泰美，重光由加，大谷麻美，
　　　　 村田和代著
第 7 巻　引用表現の習得研究−記号論的アプローチと機能的統語論に基づいて
　　　　 杉浦まそみ子著
第 8 巻　母語を活用した内容重視の教科学習支援方法の構築に向けて
　　　　 清田淳子著
第 9 巻　日本人と外国人のビジネス・コミュニケーションに関する実証研究
　　　　 近藤彩著
第10巻　大学における日本語教育の構築と展開−大坪一夫教授古稀記念論文集
　　　　 藤原雅憲，堀恵子，西村よしみ，才田いずみ，内山潤編
第11巻　コミュニケーション能力育成再考
　　　　 −ヘンリー・ウィドウソンと日本の応用言語学・言語教育
　　　　 村田久美子，原田哲男編著
第12巻　異文化間コミュニケーションからみた韓国高等学校の日本語教育
　　　　 金賢信著
第13巻　日本語 e ラーニング教材設計モデルの基礎的研究
　　　　 加藤由香里著
第14巻　第二言語としての日本語教室における「ピア内省」活動の研究
　　　　 金孝卿著
第15巻　非母語話者日本語教師再教育における聴解指導に関する実証的研究
　　　　 横山紀子著
第16巻　認知言語学から見た日本語格助詞の意味構造と習得
　　　　 −日本語教育に生かすために　森山新著
第17巻　第二言語の音韻習得と音声言語理解に関与する言語的・社会的要因
　　　　 山本富美子著
第18巻　日本語学習者の「から」にみる伝達能力の発達
　　　　 木山三佳著

シリーズ 言語学と言語教育 18

日本語学習者の「から」にみる伝達能力の発達

木山三佳 著

ひつじ書房

まえがき

　言語学習の目的の1つが目標言語を使ったコミュニケーションの達成であるとしたら、言語の形式や構造をつくる力、すなわち言語能力の育成だけではなく、場面に応じた言葉の使い分けができる力、すなわち言語運用能力の育成も重要である。

　しかしながら、言語能力については普遍的な順序で発達していくことが第二言語習得研究の中で解明されてきたが、言語運用能力の発達のプロセスについては、さまざまな言語事象を焦点として語用論的にあるいは社会言語学的に分析がなされているものの、それらの数多くの分析対象を統合できる言語運用能力の発達の基準となるものは見出されていない。そのため、普遍的な習得順序に沿っている構造シラバスに対して、機能シラバスや場面シラバスといった言語運用能力の育成に適していると思われるシラバスでは、学習項目提出順序に明確な基準がない。では、構造シラバスにのっとって授業を行う場合に、言語能力と同時に言語運用能力の向上を図る工夫や注意点はないだろうか。

　「から」に最初に興味を持ったのは、作文の授業をしていた時のことだ。「私はＡの方がいいと思う。なぜなら易しいから。」のような文を作る学生が後を絶たず、明示的に指導をしてもなかなか直らない。周囲に聞いてみたところ「なぜなら～からだ」の「だ」が抜けるというケースはかなり広く見られることがわかった。先行研究では「今、お茶を入れますから。」や「いいから、いいから。」のような「から」で終わる発話の理解や使用が難しい

という指摘があった。文構造の習得という観点からなぜこのような現象が見られるのかを考えると、「学習しただけで習得されていない」あるいは「習得されているけれど使用しない」など「習得」についての線引きをする必要がでてくる。

　ところが、学生に問うと上述のような「だ」や「から」は「あってもなくても意味が変わらない」と考えていることが多かった。そこで、機能主義的なアプローチによってこれらの現象を分析することで、中級以降の学習者の言語運用能力の発達を促進する工夫を得たいと考えた。

　この研究から見えてきたのは、会話相手との人間関係を保持しながら、意味のある会話を作り上げるために、発話意図を類推したり、含意を含む発話をしたり、といった創造的に会話を作り上げる営みのなかで、様々な用法が自分のものになっていくということである。これまでインターアクション仮説や、スキャホールディングの重要性など、会話の大切さは数多く指摘されている。学習した「枠」を超えて自律的に学ぶ機会が会話であり、学習した形式や表現といった項目が、点から線になり中間言語として体系化されることによって、言語運用能力が育成されるのであろう。

　「学習者の発話を引き出す」「自然な会話を取り入れる」—これは恩師に最初に教えていただいたことである。研究を通して自律的に学んだ結果、最初に学習したことを確認することになった。

目　次

第1章　序　　1
1.1　文法的に正しい使用と場面にふさわしい使用　　1
1.2　何を基準に分析するか　　3
1.3　本書の立場　　5
　　1.3.1　習得と中間言語的発達　　5
　　1.3.2　用法と機能　　6
1.4　目的　　6
1.5　構成　　6
1.6　方法　　9
　　1.6.1　用法の構成比　　9
　　1.6.2　節の広がりの分析　　10
　　1.6.3　中間言語的な特徴　　11

第2章　「から」の意味、構造、機能をめぐる先行研究　　15
2.1　はじめに　　15
2.2　形式と意味の問題　　16
　　2.2.1　「から」と「ので」の意味　　16
　　2.2.2　形式と意味の習得　　18
　　2.2.3　形式と意味の問題のまとめ　　19
2.3　構造の問題　　20
　　2.3.1　節の接続　　20
　　2.3.2　節の分類　　21

	2.3.3	構造の習得	23
	2.3.4	構造の問題のまとめ	24
2.4	用法と機能の問題	25
	2.4.1	「から」の用法と機能	25
	2.4.2	文末の「から」	27
		2.4.2.1 先行文の理由などを示すもの	27
		2.4.2.2 意見を暗示するもの	28
		2.4.2.3 対話者の発言に理由付けをするもの・質問にこたえるもの	29
	2.4.3	用法・機能の習得	29
	2.4.4	機能主義的アプローチ	30
	2.4.5	用法と機能の問題のまとめ	35

第3章 構造−機能の2基準による「から」の用法の分類　39

3.1	「から」の用法	39
3.2	構造的基準と機能的基準	42
3.3	「から」の用法の機能的領域(文脈への依存度)による配列	44
3.4	「から」の用法の構造的側面(節の接続)による配列	45
3.5	構造−機能の2基準による「から」の用法の分類	46

第4章 書きことばの横断分析　49

4.1	書き言葉の横断分析をする目的	49
4.2	分析したデータ	50
4.3	対象とする形式	50
4.4	分析方法	51
	4.4.1 「から」の用法の構成比率の比較	51
	4.4.2 節の接続関係の特徴の分析	51
	4.4.3 中間言語的特徴	51

- 4.5 結果 ... 52
  - 4.5.1 「から」の用法の構成比率の比較 ... 52
  - 4.5.2 節の接続関係の特徴の分析 ... 54
    - 4.5.2.1 主節後置型「から」にみる節の接続関係 ... 54
    - 4.5.2.2 主節前置型の「から」にみる節の接続関係 ... 56
    - 4.5.2.3 主節前置型「からだ」の「から」にみる節の接続関係 ... 57
  - 4.5.3 「から」の中間言語的特徴の分析 ... 58
    - 4.5.3.1 形式的な中間言語的特徴(接続形式) ... 58
    - 4.5.3.2 形式的な中間言語的特徴(丁寧体) ... 59
    - 4.5.3.3 形式的な中間言語的特徴(それ＿から) ... 61
    - 4.5.3.4 意味的な中間言語的特徴の分析 ... 61
- 4.6 まとめと考察 ... 62
  - 4.6.1 「から」の用法の構成比 ... 63
  - 4.6.2 「から」節の広がりからみる節の構造の習得順序 ... 65
  - 4.6.3 「から」の用法が拡大する際の中間言語の規則 ... 66
    - 4.6.3.1 主節後置型から主節前置型へ ... 66
    - 4.6.3.2 名詞述語から動詞述語へ ... 67
    - 4.6.3.3 普通体から丁寧体へ ... 67
  - 4.6.4 まとめ ... 68
    - 4.6.4.1 「から」の用法が拡大する順序 ... 69
    - 4.6.4.2 「から」節の広がりからみる節の構造の習得順序 ... 69
    - 4.6.4.3 「から」の用法が拡大する際の中間言語の規則 ... 69

第5章 書きことばの縦断分析 ... 71

- 5.1 書きことばの縦断分析の目的 ... 72
- 5.2 データ ... 72

5.3	対象とする形式	75
5.4	分析方法	76
	5.4.1 「から」の用法の構成比率の変化	76
	5.4.2 節の接続関係の特徴の分析	76
	5.4.3 中間言語的特徴の記述	76
	5.4.4 「から」の用法の拡大にともなう文章構成の変化の分析	77
5.5	結果	77
	5.5.1 「から」の用法構成比率の変化	77
	5.5.2 節の接続関係の特徴の分析	80
	5.5.3 「から」の中間言語的特徴の分析	81
	5.5.3.1 形式的な中間言語的特徴	81
	5.5.3.2 意味的な中間言語的特徴の分析	82
	5.5.4 「から」の用法の拡大にともなう文章構成の変化の分析	84
5.6	まとめと考察	88
	5.6.1 「から」の用法が拡大する順序	89
	5.6.2 節の広がりからみる節の構造の習得順序	91
	5.6.3 「から」の用法が拡大する際の中間言語の規則	92
	5.6.3.1 主節後置型から主節前置型へ	93
	5.6.3.2 名詞述語から動詞述語へ	93
	5.6.3.3 普通体から丁寧体へ	93
	5.6.3.4 1従属節から2従属節へ	93
	5.6.4 書きことばにおける「から」の用法の拡大の仮説	93

第6章　話しことばの横断・縦断分析　　　　97

6.1	話しことばの横断・縦断分析の目的	98
6.2	分析に用いたデータ	99
6.3	対象とする形式	101

6.4 分析方法 102
　　6.4.1 「から」の用法構成の比較と縦断変化 102
　　6.4.2 節の広がりの比較―下位群の学習者の用法構成の変化 102
　　6.4.3 談話構造の比較―上位群の学習者の用法構成の変化 104
6.5 結果 104
　　6.5.1 「から」の用法構成の比較と縦断変化 104
　　6.5.2 節の広がりの比較‐下位群の学習者の用法構成の変化 111
　　6.5.3 談話構造の比較―上位群の学習者の用法構成の変化 116
　　　　6.5.3.1 共話タイプにおける特徴―共話構造の複層化のはじまり 116
　　　　6.5.3.2 無主節型における特徴―接続詞の併用 119
6.6 まとめと考察 122
　　6.6.1 学習者の「から」の用法構成の変化 123
　　6.6.2 「から」節の広がりの変化 124
　　6.6.3 談話における「から」の役割の変化 126
　　6.6.4 話しことばにおける「から」の用法の拡大の仮説 127

第7章 自然習得環境にある学習者の話しことばの横断分析 129

7.1 自然習得環境にある学習者の話しことばの横断分析をする目的 130
7.2 横断分析に用いたデータ 131
7.3 対象とする形式 132
7.4 分析方法 133
7.5 結果 134
　　7.5.1 学習者の日本語能力のレベル 134
　　7.5.2 「から」「だから」の種類別使用数の比較 134
　　7.5.3 「から」の用法の構成比率の比較 135

      7.5.4　各学習者の「から」の用法の拡大　　　　　　　　　　137
          7.5.4.1　学習者1―「から」が「だから」と分離する
                段階　　　　　　　　　　　　　　　　137
          7.5.4.2　学習者2―複文構造の習得　　　　　　　　138
          7.5.4.3　学習者3―意味の拡張段階　　　　　　　　139
          7.5.4.4　学習者4―意味の拡張段階　　　　　　　　142
          7.5.4.5　学習者5―複文構造の重層化段階　　　　　144
  7.6　考察　　　　　　　　　　　　　　　　　　　　　　　　　145
      7.6.1　自然習得環境における「から」の発達　　　　　　145
      7.6.2　自然習得環境における「から」の用法の拡大　　　145
      7.6.3　自然習得環境にある学習者の話しことばにおける
          「から」の用法の拡大の仮説　　　　　　　　　　149

第8章　考察　　　　　　　　　　　　　　　　　　　　　　　　　151

  8.1　本研究の枠組み　　　　　　　　　　　　　　　　　　　　151
  8.2　「から」の用法の中間言語的発達過程の仮説(構造－機能モデ
     ル)　　　　　　　　　　　　　　　　　　　　　　　　　152
      8.2.1　書きことば　　　　　　　　　　　　　　　　　　153
      8.2.2　話しことば　　　　　　　　　　　　　　　　　　155
  8.3　日本語教育への示唆―「から」の用法を拡大するために　　156
      8.3.1　主節前置型を意識した学習順序　　　　　　　　　156
      8.3.2　話しことばの学習との協調　　　　　　　　　　　156
      8.3.3　他の接続助詞との組み合わせの明示　　　　　　　157
      8.3.4　接続詞との併用における注意　　　　　　　　　　157
  8.4　今後の課題　　　　　　　　　　　　　　　　　　　　　　158

参考文献　　　　　　　　　　　　　　　　　　　　　　　　　　161
あとがき　　　　　　　　　　　　　　　　　　　　　　　　　　169
索引　　　　　　　　　　　　　　　　　　　　　　　　　　　　171

第1章
序

1.1 文法的に正しい使用と場面にふさわしい使用

　従来の中間言語研究では、文法規則を習得しそれに則った産出がされるまでの過程に主に焦点がおかれてきた。しかし、実際に言語学習をする学習者は、目標言語を用いたコミュニケーションの達成をめざしており、文法的に正しく使えるようになるだけではなく、場面や言語使用領域にふさわしい使用ができるようになることも言語学習の目標である。よって、文法的な正しさにむかう過程と、場面にふさわしい使用へと多様化する過程の両方を明らかにすることが中間言語研究では必要であると考える。

　接続助詞「から」(以下、「から」とする)は、主に原因理由を表わす接続形式である。人間にとって、因果推論は思考に不可欠なものであり[1]、認知能力が発達した成人では、因果推論を表わす接続表現によって全体の統制を図ろうとするのは普遍的である。その推論を言語表現化しないと、何かを相手に働きかける、主張するなどの目的を達成するのは難しい。よって、日本語学習者(以下、学習者とする)にとっても、因果推論を表わす接続表現を使う機会は多いと考えられる。

　接続表現である日本語の接続助詞には、文における位置が固定的ではないという特徴があり、規範的に正しい文の作り方、すなわち用法が複数ある。「から」は、「勉強したから、合格した。」のような複文の従属節の節末で、「合格した。勉強したから。」のような単文の文末で、あるいは、「合格した。な

ぜなら勉強したからだ。」のように断定詞を伴って使用される。これらの用法は文構造が異なるので、使えるようになるには文構造の習得が必要となる。

さらに、場面や使用領域によって、これらの用法を使い分ける必要がある。たとえば、「手伝ってくれる？」に対する返答では、「いいよ、時間あるから。」なら違和感がないが、「いいよ、時間があるからだ。」には違和感がある。作文では、「日本語が話せるようになりました。勉強しましたから。」より、「日本語が話せるようになりました。勉強したからです。」の方がふさわしいと思われる。これらの使い分けには社会的背景や相手との関係などで使用できる用法の種類をわきまえたり、文脈全体の中で解釈する能力が必要になる。

したがって、中間言語における「から」の用法の使い分けがどのように規範に近似していくかの過程を分析することは規範的な文法に則った産出をする力だけでない、場面にふさわしい産出をすることができる伝達能力 (communicative competence)[2] が発達する過程を明らかにするために適していると考えられる。

また、このような複数の用法の適切な使い分けができるようになることは学習者にとって容易ではない。実際に生活で遭遇するような場面には、その発話に至るまでの背景などの言語情報以外の情報や、前後の文脈から得られる語用論的な情報が豊富に含まれている。自然習得環境にいる学習者や第一言語習得をする幼児は、それらの広い意味での文脈情報からの助けを得ながら発話や文の意味を理解して言語使用を学ぶ。しかし、教室学習ではこれらの情報は限られているので、言語様式と場面と結びつけて捉えることが比較的難しい。教室習得環境にある学習者の伝達能力の上達を広い意味での中間言語の発達と考えると、どのように言語使用が多様化し、日本語母語話者（以下、母語話者とする）の規範に近づいていくのかを明らかにしようとする本研究は、教室における言語使用の教育への道標の１つとして意義があると考える。

1.2 何を基準に分析するか

　これまでの習得研究の中で「から」が分析対象となったものは、主に複文構造の習得研究と因果関係を表わす接続助詞の習得研究である。因果関係を表わす接続助詞では、「から・ので・て」などの使い分けにおいて規範とは異なる使用、いわゆる誤用、が見られることが多い。そのため、接続助詞に関する多くの意味論、統語論的考察をベースに、接続助詞の形式と意味の対応に焦点をあて、誤用分析の手法で学習者の習得が困難な点の特性を明らかにする研究が行われてきた。しかし、「系統的な誤用は中間言語という学習者言語総体の一部にすぎない」(長友1993)といわれるように、中間言語における「から」の総体を十分には解明できていない。

　また、「から」には複数の用法があるが、複文構造の習得研究と原因理由を表わす接続助詞の習得研究のどちらにおいても、複文構造を構成する用法、たとえば「勉強したから、合格した。」のような「から」が分析対象となり、「合格した。勉強したから。」のような単文構造である「から」については同時には扱われない。このような文末に位置する「から」は、中途終了文の習得研究の分析項目の1つとして扱われることはあるが、そのときには、複文を構成する「から」は同時に分析されない。

　本研究では習得を文法能力と伝達能力の両面からとらえようとする立場をとる。よって学習者は用法の異なる「から」を別々のものとして習得しているのではなく、「から」の形式を習得する過程で使用範囲が拡大すると考える。第一言語習得研究では文構造の異なる「から」の産出順序についての先行研究(Clancy 1985)があるが、成人の学習者を対象としては行われていない。

　本研究では、第二言語としての日本語の「から」の中間言語研究をめざして、話しことばと書きことばの両方をデータとして、教室習得学習者の産出する「から」の用法が、母語話者の使用する規範的な用法に近づく過程を、「から」の用法の拡大と考え、使用頻度の変化(用法構成比)によって捉えることを試みる。

　「から」の用法は、言語使用領域によって規範的な使用頻度が異なる。そ

れはコミュニケーションを達成するという目的にそって、母語話者が機能的に選択した結果であると考える。中間言語もコミュニケーションを達成するという目的をめざし、書きことばでは書きことばにふさわしい、話しことばでは話しことばにふさわしい用法を使うように、学習者が用法を選択していくことによって中間言語的な発達をしていくと考える。

　本研究では、そのような過程を説明する際に、Givón(1995)が提唱したディスコースプロセス対照表(p38 表2-5)を用いる。文法規則に則ったテキスト理解をする文法的モードと、文脈への依存度の高いテキスト理解をする前文法的モードの違いを、ディスコースプロセス、つまり談話処理の違いと考え、そこでの構造領域、機能領域、認知領域の特徴を対照したものである。

　前文法的モードはGivón(1985)では、語用論的モードとされ、話しことばで特徴的に見られる言語体系である。Givónは、会話から統語規則ができあがると考えており、統語規則が使えないために語用論的談話処理に頼るということを意味して「前」文法的モードと名づけ、習得が進んでいない段階、文法的習得が始まる前の段階、として前文法的モードを位置づけている。つまり、Givónは言語発達におけるゼロ状態から、統語規則を持つようになるまでの過程に焦点をおき、前文法的─文法的という用語で特徴の対比を表わしている。

　本研究では、前文法的モードと文法的モードの特徴の違いとして挙げられたなかで、構造的特徴と機能的特徴を「から」の用法の分析の基準として用いる。それは前文法的とされた特徴が、話しことばに多い語用論的類推を利用した談話処理である点に着目し、話しことばらしさ、書きことばらしさを測る基準として採用するものである。

　しかし本研究では、ある程度統語的規則を理解している状態から場面にふさわしい言語使用ができる状態になる段階に研究の焦点をおいている。例えば産出された形式が同じように語用論的類推を利用した用法であったとしても、Givónでいう前文法的モードにおける場合は、統語規則が使えないために語用論に頼ったものであるが、本研究では統語規則も使った上で語用論も利用して場面に応じて使い分けていると考えられるものである。Givónの言う前文法的モードにおける伝達能力のレベルと場面にふさわしい言語使用が

できるという伝達能力のレベルは全く異なるものである。

そこで、習得が先になるという意味が含まれる Givón の前文法的―文法的という用語ではなく、話しことば的―書きことば的、または語用論的―統語論的という用語を用いる。

1.3 本書の立場

1.3.1 習得と中間言語的発達

言語の習得の基準については、「習得研究における統一された見解はない」(峯 2002：30)とされるように、研究者によって異なる。習得を「習得した＝使えるようになった」と考える場合、習得への到達度すなわち産出した言語形式の正用率を基準にする。正用率を基準にする場合、研究によって 90 ％ や 60 ％ といった正用率の基準を充たしたものを習得したと考える。ただし、この場合でも数値の妥当性が明確ではない。

一方、「習得＝目標言語の規範にむかう進捗の過程」と習得を動的な過程と考える場合は、到達度ではなく表出をもって「習得が始まった」として分析する立場をとる。

本研究で調査対象とした学習者は、「から」の習得が始まっている段階にあると考えられ、用法ごとの表出が始まった順序を問うことは難しい。習得過程のうちでも「使えるようになった」あるいは「始まった」という意味ではなく、「目標言語の規範にむかう進捗の過程」という部分について、話しことば、書きことばにふさわしい用法を言語使用場面に応じて使い分けることができる伝達能力における中間言語的発達を分析する。

中間言語研究の立場をとる研究では、日本語の規範に適っていない使用も誤用とは呼ばずに「中間言語的な特徴を持つ」使用、あるいは「規範的ではない」使用と言い表わし、言語発達と考え分析する。本研究でも、「から」の表出を正用だけでなく中間言語的な特徴をもつ使用も含めて分析の対象とする。

1.3.2　用法と機能

用法は日本語の規範に適った言語使用のことで、具体的には、「勉強したから、合格した。」「合格した。勉強したから。」「合格した。勉強したからだ。」「勉強したから。」等を、本研究では「から」の「用法」とする。これらの複数の用法を、「から」と主節もしくは主節に相当する部分(以下、主節と総称する)の位置関係で、大きく3つに分ける。

「勉強したから、合格した。」のような「から」は、主節が後置する「主節後置型」、「合格した。勉強したから。」「合格した。勉強したからだ。」のように主節が前置する「主節前置型」、「勉強したから。」のような主節を伴わない「から」の「無主節型」とする。

また、「機能」つまり、文の中で果たす役割は、どれも「から」節と主節を接続するものであるが、主節との位置関係によって「から」節と主節の接続の度合いが異なると考える。先行研究により、用法ごとの機能は主節後置型が、「から節を主節に理由としてむすびつける(国立国語研究所 1951)」、主節前置型は、「理由を後から説明する(水谷 2000)」、無主節型は、「意見を暗示する(水谷 2000)」とされている。本研究ではこれらの定義をもとに、「から」節と主節のつながりを文脈への依存度という基準で捉えなおす。(2.4 参照)

1.4　目的

本研究は作文と談話で日本語学習者が産出した接続助詞「から」を分析し、「から」が習得される過程で、「から」の用法が使用範囲を拡大し、母語話者の規範に近づく過程を解明することを目的とする。本研究を通じて、「から」の用法の中間言語的発達過程を表わす構造―機能モデルを仮説として提示する。

1.5　構成

本研究の構成は、図 1-1 の通りである。

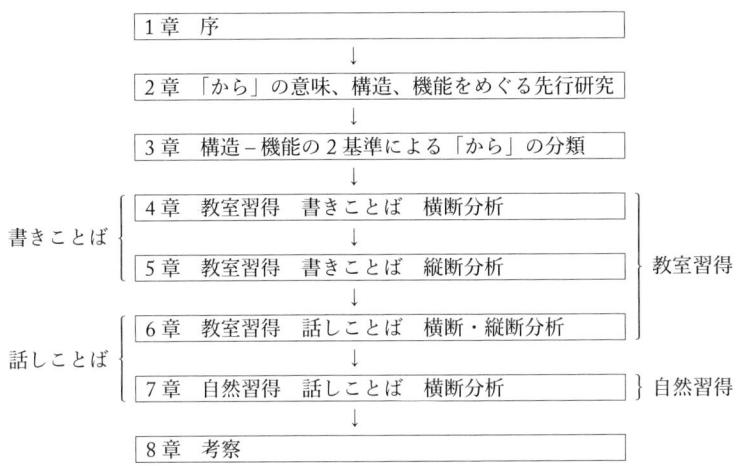

図 1-1　本書の構成

　2 章では先行研究を概観する。「から」のどの側面を研究の主眼においているか、によって 3 つにわけ、2.1 では形式と意味の問題を、2.2 では構造の問題を、2.3 では用法と機能の問題をあつかう。それぞれの問題に関する関連研究、習得研究、の順に概観し、そこから得られる知見をまとめる。

　3 章では、本研究の枠組みを設定する。3.1 では先行研究を参考に「から」の用法をまとめ、3.2 では構造的基準と機能的基準について説明する。3.3 では「から」の用法を機能的側面(文脈への依存度)により配列する。3.4 では、各用法を構造的側面(節の接続)で配列する。構造と機能の 2 つの基準による分類をまとめて、3.5 で構造―機能の 2 基準による「から」の用法分類をおこなう。研究は、4 章、5 章、6 章、7 章で行う。それぞれのデータについての概略は、表 1-1 に示した。

表 1-1　調査のデータ概要

横：章 縦：種類	4 章	5 章	6 章	7 章
習得環境	教室習得			自然習得
プロトコルタイプ	書きことば(作文)		話しことば(談話)	
データタイプ	横断	縦断	横断・縦断	横断
データ元	国研データベース	授業における作文	科研	科研
人数	学習者 253 名 母語話者 33 名	学習者 5 名	学習者 18 名 母語話者 20 名	学習者 5 名
日本語能力	初級～上級	初級	初級～中級	初級～中級
縦断期間		約 1 年(16 回)	半年(2 回)	

　4 章は、学習者と母語話者が同じテーマで書いた作文のデータベース(国立国語研究所 2002)を用い、横断的に分析する。分析項目は、「から」の用法構成比率、節の接続関係、中間言語的な特徴である。

　5 章は、大学の予備教育初級クラスに在籍する中国語母語の学習者 5 名の作文を用い、縦断的に分析する。分析項目は、「から」の用法構成比率、節の接続関係、中間言語的な特徴である。

　6 章は、科学研究費補助金研究[3]で収集された学習者と母語話者の談話資料を用いる。学習者の日本語能力別比較、学習者と母語話者の比較などの、横断的分析と、半年後の談話資料との比較も行う。分析項目は、「から」の用法構成比率、節の接続関係、中間言語的な特徴である。

　7 章では、教室学習を行わなかった場合の例として、科学研究費補助金研究[4]で収集された自然習得環境にある学習者の「から」の横断分析を行う。

　8 章では、4 章から 7 章までの研究をまとめ、「から」の用法の中間言語的発達過程についての仮説(構造—機能モデル)をたてる。最後に、日本語教育への提言を行う。

　次節でそれぞれの分析項目の分析方法について述べる。

1.6 方法

1.6.1 用法の構成比

　中間言語における「から」は、母語話者の規範的な用法に向かって発達する。母語話者は、表現方法のバリエーションとして、言語使用領域にあわせて「から」の用法を使い分けていると思われる。たとえば、作文であれば、主節を伴わない「勉強したから。」よりも、「勉強したから、合格した。」や「合格した。なぜなら勉強したからだ。」のような言い方のほうが多くなるだろう。書きことばと話しことばでは用法が異なり、言語使用領域によって適切と考えられる言語形式があり、母語話者が産出した「から」の用法構成比が、その規範を示していると考える。

　つまり、学習者の「から」の用法構成比を母語話者のものと比べたときに、用法の構成比が異なっていれば、それは学習者が「から」の用法の発達の途上にあり、母語話者の示す規範的な構成比率に向かって推移しているものと考える。よって、産出された「から」の用法の構成比率を横断的・縦断的に比較することで発達のプロセスをとらえる。

　用法を分類する際に、Givón(1995)のディスコースプロセス対照表(表2-5)で示された構造的領域における節の接続関係、機能的領域における文脈への依存度の2つの基準であらかじめ用法を配列しておく。さらに、産出された「から」にみられる中間言語的な特徴を記述することで、学習者が新しい用法を産出する際にどのような規則を作るのかを分析する。

　4章では同じ題の作文で学習者と母語話者の産出した「から」を横断的に比較して、「から」の用法構成比率の平均を学習者と母語話者で比較する。そこから中間言語における「から」の用法の構成比がどのように変化するかを推測する。

　5章の縦断的な比較では、学習者が書いた作文の中で使用された「から」の用法構成が約1年のうちにどのように変化するかを分析し、横断的な分析でたてた推測と比較して、書きことばにおける「から」の用法の中間言語的発達のプロセスについての仮説をたてる。

　6章では、接触場面で同じテーマについて話している談話データを用い

る。横断的な比較では、日本語能力の下位群と上位群にわけた学習者間および、日本語母語話者との対比で、「から」の用法構成を比較し、用法構成比率の推移を予測する。縦断的な比較では、日本語能力の下位群、上位群、それぞれの用法構成比率の変化を分析し、横断的な比較で得られた用法構成比率の違いとあわせて考察する。

　7章では、自然習得環境にある学習者の談話データに見られる「から」を分析し、自然習得の場合の「から」の発達を推測し、教室習得環境との違いを考察する。

1.6.2　節の広がりの分析

　「から」節を含む文・発話の節の接続関係は、「から」節と主節以外の節を持つ場合もある。他の従属節を伴う「から」節を、広がりのある「から」とよび、「から」節に他の節が従属接続するもの(重層的な広がりのある「から」)と、「から」節が接続する主節に他の節が等位接続するもの(横への広がりのある「から」)に分ける。

広がりのある「から」	重層的な広がりのある「から」：「から」節に他の節が従属する 横への広がりのある「から」：「から」節と他の節が等位で主節に従属する

図1-2　広がりのある「から」の種類

　「から」節に他の節が従属するものは、図1-3のような「公共の場所でタバコを吸うと、周りの人に迷惑をかけるから、公共の場所での喫煙は、やめるべきだ。」のような文の「から」である。

　「〜吸うと」の節は、「から」節に従属していて、「から」節の主節の「やめるべきだ」には、接続していない。このような、他の節が従属している「から」を重層的な広がりのある「から」と称する。

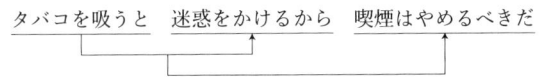

図1-3　重層的な広がりのある「から」節を含む文の構造

　「から」節が接続する主節に他の節が等位接続するものは、図1-4のような「私は病気になりたくないし、他人に迷惑をかけたくないから、タバコは吸わない。」のような文の「から」である。「〜ないし」の節は「〜ないから」の節と等位で主節の「たばこをすわない」に接続している。このような他の節と主節に等位接続している「から」を横への広がりのある「から」と称する。

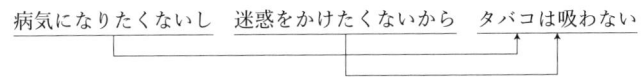

図1-4　横への広がりのある「から」節を含む文の構造

　「から」節の広がりを分析することで、「から」節だけの場合と、2従属節以上になった場合の構造的な統語規則化に違いがあるかを分析する。

1.6.3　中間言語的な特徴

　学習者が文法項目を習得することは、言語形式がどのような働きで使われているかを理解し、ほかの状況でもその言語形式を使って同じ働きを表わすことができることである。そのためには、日本語の規範的な使用を学習する、あるいは学習者が自ら分析するなどして、中間言語の文法規則を作る必要がある。

　学習者の作る規則が日本語の規範と異なっていた場合、本研究ではそれを中間言語的な特徴と呼び表わす。中間言語的な特徴という言葉は、学習者が自らの作った規則を使って運用を行い、周囲からのフィードバックなどから規則を逐次修正したり、追加したりして、試行錯誤しながら目標言語の規範に向かっての発達の過程で見られる特徴という意味である。

　たとえば、「勉強したから、合格した。」のような「から」の用法を習得するときは、例えば、図1-5に示したようなプロセスで、中間言語の文法を構築し、「から」の産出にいたっていると考える。

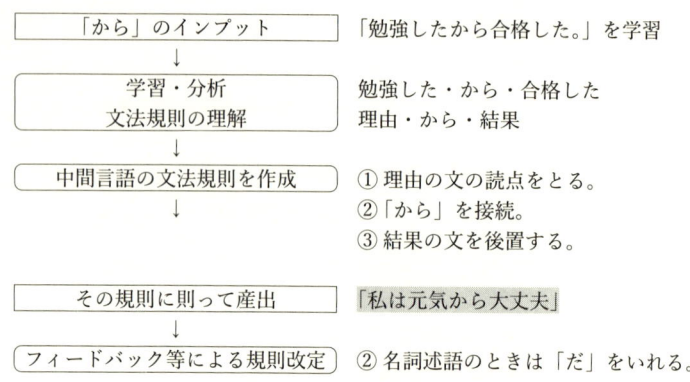

図1-5 中間言語の文法を構築する過程の例

　上記の例では、学習者が「勉強したから、合格した」という日本語の文をもとにして、「から」の用法について、図1-5のように「から」を分析し、①〜③のような中間言語の規則を作る。そして、その規則を適用して、「から」を使った別の文を産出するのである。もし、産出に日本語の規範との違いがあることに気づけば、自分が当初作った規則を作り変え、日本語の規範に近づけていく。したがって、学習者の産出した日本語から、学習者が作成した中間言語の規則を推測することができると考える。

　以上、1章では、本研究の位置付け、目的、構成、データ、分析方法などについて概略を述べた。2章では、これまでの先行研究を概観し、研究課題を明確にする。

注
1　内田(1999)では、思考・想像・創造の関係を以下のように述べている。
　「人は想起、あるいは創造するときには、反省的思考を働かせ、経験や知識から特に印象の強い断片を取り出し、類推や因果推論(causal reasoning)の働きによって統合し、表象(イメージ)へとまとめあげる。(中略)素材を取り出す機能が類推(analogy)である。類推によって文脈に合わせて印象の強い体験や経験の断片が注意の対象となって、素材として取り出されてくる。それらが、因果推論によって整理され、組み合わ

され、統合される。これによって、情報は今作りつつある新しい文脈にうまく収まるように形を変えられ、加工されて整合性ある表象全体がつくられるようになる。」(p.158)
2 文法的に正しい文を生み出すためにある言語の文法規則を適用するだけでなく、その文をいつどこで誰に対して使うかを知っている能力。伝達能力には、言語の文法と語彙の知識、会話の規則の知識、異なる発話行為の使い方と対応の仕方の知識、言語の適切な使い方についての知識、が含まれる。
3 平成10–13年度文部科学省科学研究費補助金研究基盤研究(B)(1)「日本語学習者と日本語母語話者の談話能力発達過程の研究―文章・音声の母語別比較―」(代表者：水谷信子)
4 平成12–13年度文部科学省科学研究費補助金研究萌芽的研究「第二言語習得としての日本語の自然習得の可能性と限界」(代表者：長友和彦)

第 2 章
「から」の意味、構造、機能をめぐる先行研究

2.1　はじめに

　本研究の目的は、学習者がどのように、中間言語の中で接続助詞「から」の用法の体系を作っていくかについての仮説を構築することである。2章では、これまでの「から」の習得研究とその周辺領域の研究について概観する。

　これまでなされてきた「から」の研究を、「から」の何が焦点となったかで分類すると、形式と意味の問題、構造の問題、用法と機能の問題となる。意味の問題では、「から」節がどのような意味で主節と結び付けられているかという点に焦点があり、構造の問題では、「から」節の接続に焦点がある。「から」がどんな目的を達成するために使用されているかという用法と機能の問題では、おもに文末に位置する「から」が持っている用法に焦点があるものである。

　それぞれの問題についての、関連研究、習得研究の順で、下表 2-1 のように先行研究を概観し、本研究の目的を達成するために必要な知見を得て、課題を整理する。

表 2-1　2 章の構成

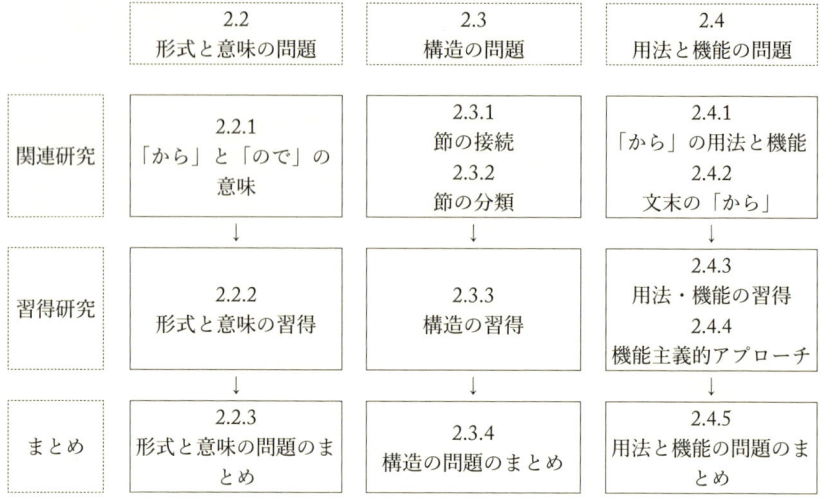

2.2　形式と意味の問題

2.2.1　「から」と「ので」の意味

　「から」の規範的な意味を接続助詞「ので」(以下、「ので」)との比較によって明らかにする研究は、「から」に関する先行研究の大きい部分を占めている。それらの研究の出発点となったのが、永野(1952)である。永野(1952)によると、「から」は主観的な理由を表わす。

> 『から』は、表現者が前件を後件の原因・理由として主観的に措定して結び付けられる言い方、『ので』は、前件と後件とが原因・結果、理由・帰結の関係にあることが、表現者の主観を越えて存在する場合、その事態における因果関係をありのままに、主観を交えずに描写する言い方である。(永野 1952：38)

　主観性の違いは、その後の「から」「ので」の意味論的研究(益岡 1997 他)での大きなキーワードとなっている。話し手の主観性を接続辞間の意味論

的違いとするものは、他の言語でも報告されており（Maat & Sanders 2002、Maat & Degand 2002）、接続語が統語的な役割を果たしつつモダリティ的な側面も併せ持つのは、言語普遍的である可能性を示している。

また、「から」と「ので」は意味論的に使い分けられることを示唆する一方で、永野（1952）では、「「ので」を使うと丁寧なやわらかい表現になり、下にくる丁寧形の表現とよく照応する」と語用論的待遇性の特徴にも言及している。そして、意味的主観性で言語形式を選択すれば「から」となるはずの場面での「ので」の使用については、「例外的に「ので」が使用される」と、明確な説明はされていない。

しかし、丁寧な依頼、意向表現における「ので」の使用に関するその説明に対しては、「例外である用法が、現実の言語生活では本来あるべきものより非常に多く使われるというのは矛盾した説明ではないだろうか」（田中 1996：2）と指摘されており、「から」「ので」の言語形式選択を、意味論的主観性だけでなく語用論的待遇性も加えた2要因による体系で明らかにしようとする研究も多く見られる。

花井（1990）では、前件の情報領域が話し手領域である場合、「から」の使用に待遇制約があり、前件が客観的ことがらで後件が依頼やいいわけの場合に、「ので」を使うと丁寧度が高まるとしている。

尾方（1993）は、「根拠を明示して強く主張したいときには「から」を用いる。聞き手に対して、自己の正当性をあまり強く主張したくないという待遇的事情を考慮する場合には「ので」を用いて、理由を状況的説明とするのがよい。」（p.859）としている。

田中（1996）では母語話者150名に談話完成法による調査を行い、場面による理由提示形式の選択について、現代の母語話者の規範を明らかにしている。それによると、「から」「ので」「て」などの形式の選択基準は、聞き手に対して話し手が感じる種々の心理的な負担が低いほうから「から」「ので」「て」の順になっている。

大竹（2000）では、「から」が丁寧さを欠くことになるのは、前件を起点として推理や推論といった認知処理過程を経て、後件を導くといった含意が生じ、聞き手の情報処理能力に多大な負担を強いることになるからだ、として

いる。
　山本(2001)は、「から」と「ので」の意味と用法の違いは、Brown and Levinson(1978、1987)の「丁寧さ」のストラテジーによって生じるという仮説をたてている。話し手が聞き手との隔たりを作ることで敬意をしめす「消極的丁寧さ」を表わす場合「ので」が選択され、聞き手との距離を縮めることで親しさをしめす「積極的丁寧さ」を表わす場合、「から」が選択されるとしている。
　以上のように、「から」と「ので」の使い分けについては、「から」の持つ主観性や待遇性を記述する成果が得られている。

2.2.2　形式と意味の習得

　「から」と「ので」の意味を比較した研究は多いが、習得研究では、「から」の形式が習得にともなってどのように規範的意味領域と対応していくかという観点からの研究は、あまり見当たらない。
　形式と意味の対応関係に関する習得研究で「から」が分析項目として現れるのは、「寒くて窓をしめてください」や「風邪をひいて、薬をのもう」のような、規範的には「から」が表わす意味内容を「て」形の形式を使って表わす現象を分析するものである。
　池尾(1963)は英語母語の学習者について、規範的には「から」が表わす意思や要求の理由を「て」形を使って表わすものが多いことを指摘し、これが母語である英語からの転移であることを示唆している。
　「「～て」(理由)が使ってある複文を英文にするときは、2つの文を"and"か"，(コンマ)"でつなぐにすぎないか、またはまったく独立した2つの文で表現することがある。」(p.50)と池尾が言っているように、論理的因果関係ではない弱い因果関係は、英語ではandでしめされ、学習者がそれを日本語の「て」に訳すという手順を踏むことで「て」が「から」の代わりになっている可能性がある。
　また、吉田(1994)は、中国語母語の台湾の大学生の75人分の作文564編と、60人分(約4時間分)の談話データをもとに、「て」形が表わす意味を分析した。1611例の「て」形のうち、「ので」「から」で表わすべき内容を「て」

で表しているものが53例で、意味的な中間言語的特徴を示す例の18.3%をしめていた。

　この調査では、作文よりも話しことばのほうが、意味的な中間言語的特徴を表わす使用の比率が高くなっている。また、「ので」「から」で表わすべき内容を「て」で表しているものの割合は、学習者の日本語教育歴によって差があまり見られない。誤用の内容では、池尾(1963)同様、文の述語が意志的動詞[5]の場合に、従属節は「ので」「から」で表わすべき内容であるのに、「て」で表わしているものが多いという結果である。

　しかし、富田(1993)では、「学習者が「から」で言うべきところを「て」を使って、例えば、「つかれて休みましょう」「のどがかわいて一杯水をください」とかいうような言い方をすることはほとんどない」(p.50)としており、池尾(1963)、吉田(1994)の見解と異なる。

　これは「から」という形式で表わす意味に関する習得研究が少ないことや、池尾(1963)、吉田(1994)の指摘した問題点が構造の問題にかかわることであることと併せて考えると、「から」の意味と形式の対応関係は、習得上の最も大きな問題とはならないことが示唆される。

2.2.3　形式と意味の問題のまとめ

　意味の問題を扱う先行研究では、「から」と「ので」の使い分けについて、多くの研究がなされてきた。日本語の規範的な「から」の意味領域には、2つの事柄のつながりを、論理的な因果関係で捉える場合から、2つの事態を主観的に関連があるものとして捉える場合まである。しかし後者のような主観的な因果関係は、中間言語では、「ので」のような「理由」ではなく「並列」と捉えられることが習得上の問題となっている。

　池尾(1963)が指摘するように、母語(英語)からの転移の可能性もあるが、同じ誤用の傾向が、中国語話者にも見られる(吉田1994)ことから、母語に関係なく中間言語では、並列で表せるような弱い因果関係は、中間言語の特徴がみられやすい部分であると思われる。並列という言葉が1つのキーワードになっているので、構造の問題とあわせて考えると、「から」の習得の過程が、よりはっきりしてくる可能性がある。

次節で、中間言語における並列や従属構造の習得についての先行研究を概観する。

2.3 構造の問題

2.3.1 節の接続

前節で、中間言語における「から」の発達は、従属節の操作にかかわる構造的な発達と関連していることが予想された。そこで2.2では「から」を含む文や発話の構造について考える。

構造を示す用語の1つには、文構造がある。しかし、「から」を含む文の構造の分類は、研究者によってまちまちであり、現在にいたるまで、分類方法が1つに統合されていない。ちなみに、日本語教育事典(1982)で、「から」が含まれる文の文構造として、記述されているものをあげると、山田文法の「合文[6]」、森岡(1968)の「並列文の重文」、国立国語研究所(1963)の「複合構文[7]」「付加構文[8]」である。このように、「から」を含む文の文構造を1つに既定することは、文や主語の定義にまで関わることで、習得研究で文構造をそのまま援用することは困難である。

英語では、複文を構成する「から」節と「から」節を受ける主節のような関係を、節の接続関係という。節と節が and、or、but などで結びついて、2つ以上の節が対等の関係で連なっているものを等位接続(co-ordination)という。等位関係の特徴は前後の要素が交代可能であることである。対等の関係で結びつけるというのは、日本語の「重文」の接続法と似た概念である。

また、一方の節を他方の節に埋め込む接続法を従属接続(subordination)あるいは従位接続(hypotaxis)といい、埋め込まれた先が主節、埋め込まれる節が従属節である。2つの節に従属関係があるということは、日本語の狭義の「複文」の接続法に似た概念である。

接続にはそれ以外に、並列[9]接続(parataxis)がある。等位と並列は同義で使用されることもあるが、狭義には接続語のないものをいう。

日本語は類型論的に英語とは異なるため、英語の従属接続、等位接続、並列接続、などの用語をまったく同じ意味で使用することはできないが、習得

研究のなかでも文構造を明確に、あるいは限定するための補完的な用語として使用されている。

2.3.2　節の分類

　従属節を導く接続助詞を統語的に分類する出発点となっているのは、南(1974、1991)である。南(1974、1991)は、従属節内部に出現する文法的カテゴリーの種類と数によって、主節への依存度が高い従属節から、主節への依存度が低く一文に近い様相を見せる従属節までが、AからB、Cという順で、三類の段階で分類されている。「から」は主節への依存度が最も低いC類に分類されている。

　この分類に対して、モダリティのスコープ[10](田窪1987、加藤1992)、モダリティのスケール[11](望月1990)、「が」と「は」の係り方(野田1986)、などの節間の意味的なつながりの指標によって修正が提案されている。これらの研究は接続助詞の意味的な分類を詳細にすることを目的としている研究である。しかしながら、本章では、学習者の誤用が生じやすいという指摘があった節の連続性の観点から用例分析をおこなっていることから、長谷川(1998)を紹介する。長谷川(1998)は、節の従属関係、すなわち埋め込むことができる節の種類について、南(1974、1991)の分類を修正している。表2-2に南と長谷川の節の分類を比較した。

表2-2 南(1974、1991)、長谷川(1998)の節の分類の比較(筆者作成)

	南(1974、1991)	長谷川(1998)
分類方法	従属句末の表現、句内に出現する助詞、副詞	複数の従属節間の構造
分類の基準	主節に対する従属度	結合度(係り受けの強さの度合い)
A類	ながら(並行継続)、つつ、て1、連用形反復、連用形(形容詞・形容動詞)	て1
B類	て2、と、ながら(逆接)、ので、のに、ば、たら、なら、ても、て3、連用形、ず(ずに)、ないで	つつ、ながら(順接)
C類	が、から、けれど、し、て4	て2、と、ながら(逆接)、ので、のに、ば、たら、なら、ても、て3、連用形、ず、ずに、ないで
D類		し、から
E類		が、けれど
節の従属関係	Aに属するある従属句の一部になることができるのは、やはりAに属する従属句である	Aを節末に持つ従属節は、他の従属節の一部になるのみである
	Bに属するある従属句の一部になることができるのは、やはりBに属する従属句か、またはAに属する従属句である	Bに含まれる従属節はAかBを節末に持つ従属節である
	Cに属するある従属句の一部になることができるのは、やはりCに属するものか、あるいはAまたはBのものである	Cに含まれる従属節は、AかBを節末に持つ従属節、また共起制限はあるがCを節末に持つ従属節またCのうちいくつかはDを節末に持つ従属節である
		Dに含まれる従属節は、AかBかCかDを節末に持つ従属節である
		Eは他の従属節の一部にはならず、Eに含まれる従属節はAかBかCかDを節に持つ従属節である

南(1974、1991)では、「から」が属するC類の接続助詞については、「C

に属するある従属句の一部になることが出来るのは、やはりCに属するものか、あるいはAまたはBのものである。」(南1974：124)とされている。この通りであれば、「から」が従属する節末の接続助詞は、「が」「から」「けど」「し」「て」である。

　長谷川(1998)は、小説等から1000文を抜き出し、従属節を2つ以上含む文を取り出し各接続表現が最低50個以上含まれるように収集した。ただし、従属節を10節以上含む文は節のかかりの判断が揺れるため省いている。組み合わされた接続表現の係り受けの強さである結合度を調べ、南(1974、1991)で述べられた従属関係と対照している。

　その結果、「から」がB類「のに」の従属句の一部となっているのが、1000例のうち3例あった。また、「から」が「たら」、「て」の従属句の一部となっているものも1例ずつあった。このため、南(1974、1991)の分類を修正し、長谷川は「から」をD類とし、「のに」「たら」「て」などC類の従属関係を「いくつかはDを節末にもつ」、とする5分類案を提案している[12]。

2.3.3　構造の習得

　2つ以上の従属節を持つ文が、習得によって増えることは、田丸・吉岡・木村(1993)でもいわれている。田丸・吉岡・木村(1993)は、6名の学習者を約1.5年の間に、6回面接調査し、発話文が長くなる(単語数が増える)ことや、重層的な広がり(埋め込み)が増すことを明らかにしたが、重文的な伸びは明らかにならなかった。これと同様の傾向が、スペイン語の第一言語習得研究でもGuitierrez-Clellen & Iglesias(1992)で、どのように埋め込み構造が増えているかなどの質的分析はされていないが、年齢とともに、2節からなる原因節がへり、3節の原因節が増えることが報告されている。

　これらの研究からは、学習者は、言語習得がすすむにつれて、複数の従属節をもつ文をより多く産出するようになることが示唆される。

　「から」節の接続関係については、濱田(2000)が行っている。濱田は、日本へ留学している中国語母語とマレー語母語の大学1年生34人の作文145編の中から60件あまりの因果関係に関する誤用をとりだし分析した結果、

そのうちの1割程度が原因、理由を表わす従属節が2つ以上現れるもの（「て」の連続、「から」の連続など）であることを見出した。これは、2つ以上の並列する理由を表現するとき、規範的には、「～して～ので」「～し、～から」など、別の接続助詞を組み合わせて使わねばならないが、学習者は「～から、～から主節」と「から」を連続させる傾向があるということである

　この2つの習得研究をあわせて考えると、学習者は、節の接続構造を習得するにしたがって、複数の節を産出するようになるが、その際に「から」を繰り返す傾向が見られるということになる。学習者の繰り返しの傾向について英語の第二言語習得研究でも報告されている。

　Tyler、Jefferies & Davies(1988)では、英語母語話者と英語学習者では、従属接続と並列の分布を含む談話構造に違いがあることを指摘している。それによると、英語母語話者は、従属接続やプロソディによるトピックの明示など、聞き手にテキストの結束性を作り上げさせる方法をいくつも持っている。しかし、非母語話者ではテキストを構造化するための主な装置は語彙の繰り返しと並列で平面的な談話構造を作る、と分析されており、英語の中間言語における節の接続は、並列から従属へと移行する可能性を示している。

　南、長谷川、どちらの分類においても、「から」は「が」「けれど」と同様に主節に対する従属度が低い。つまり「から」節は、節として独立度が高く、より文に近い統語的な性格を持っているので、「～から～から主節」のように連続すると、1つの文としてのまとまりがつきにくくなるのである。教科書に、このような複数の従属節の間の従属度について記述がなされているものはあまり見当たらず、学習者に知識を明示的に教示することはあまりないと思われる。その結果、学習者が複数の理由を列挙する場合に、テキストの構造化をせず「から」を連続するという中間言語的な特徴となって現れると考えられる。

2.3.4　構造の問題のまとめ

　構造に関する「から」習得上の問題としては、「から」以外に主節にかかる節がある場合に、「から」を連続して使用するという特徴があることが先行研究で指摘されてきた。2つ以上の従属節を持つ場合、「て」などを節末

にもつ2つ以上の節をつなげるものがある。学習者には、初級段階でこれらの時系列の陳述を表わす「～て～て」の連続をはじめとして、並列を表わす「～し～し」「～たり～たり」のような、同じ接続助詞の連続構造がいくつも提示される。

「から」は、日本語の書き言葉における規範的な用法では、「～から～から主節」のように続けることはできない。しかし、話しことばにおいては、「～から…～から…」のように、連続した2つの節なのか、独立した文末が2つ並んでいるのか、音声的に明示することなく使うことが可能である。

日本で学習する学習者は、あらゆるインプットから、目標言語である日本語の規範的な複数の従属節を持つ文の節の操作の規則を習得しているので、学習者は複数の理由を並列するために、「て」「し」などの理由を表わす接続助詞の中でも連続使用できるものがあるという規則を「から」にも適用する可能性がある。あるいは、母語話者の話しことばの「～から…～から…」を聞いて、「～から、～から主節。」のように1つの文の中で連続することができる、という中間言語の規則を作る可能性がある。

つまり、先行研究で指摘された「から」の過剰は、時系列や並列の構文法、話しことばにおける並列構造を援用して「から」の中間言語の規則を作った結果であり、自分でまとまったテキストを産出する談話能力の発達途上に位置づけられる現象の1つであろう。

2.4 用法と機能の問題

2.4.1 「から」の用法と機能

「から」には複数の用法があるが、2.2 形式と意味の問題、2.3 構造の問題で扱った先行研究では、分析の対象とする用法の範囲を明示しないものや、書き言葉を対象とするものが多い。分析対象の中心となってきたのは「勉強したから、合格した。」のような複文構造をもつ文における「から」の用法である。一方、「勉強したから。」のように、文末に「から」が位置する用法は、規範的には話しことばで多く使用されることから、談話分析の研究領域で多く扱われている。このように書きことばにおける構造面に焦点をおいた

話し言葉における談話的機能に焦点を置いた分析と言語使用領域ごとに使われ易い用法のみを対象として「から」の分析は行われ、「から」の用法全体にわたる分析はほとんどおこなわれていない。ここでは、これまで触れてこなかった文末の「から」についての先行研究を中心に概観する。

　用法ごとに先行研究で定義されている「から」の用法やその意味・働きを例文とともに表2-3にまとめた。

表2-3　先行研究による「から」の用法・機能の定義

「から」の位置	先行研究の定義	例文
節末「から」	本来的機能　　　　（白川1991）	勉強したから、合格した。
文末「から」	先行文の理由をしめす 　　　　　　　　（水谷2000）	合格した。勉強したから。
節末「から」+「だ」	原因理由を後から説明する 　　　　（国立国語研究所1951）	合格した。勉強したからだ。
文末「から」	あとに意見を暗示する 　　　　　　　　（水谷2000）	勉強したから。
文末「から」	相手の発言に理由付けをする 　　　　　　　　（水谷2000）	対話者：合格した。 話し手：勉強したから。
文末「から」	質問に答える　　　（水谷2000）	対話者：どうして合格したの。 話し手：勉強したから。

　複文を構成する「から」を白川(1991)では「接続助詞の本来的用法」と呼んでいる。この用法における「から」は、従属節を後の主節の理由・原因・根拠として接続する働きを持っている。

　「合格した。勉強したから。」のように「から」が文末に位置する単文となり、先行する主節にあたる文の理由を説明する場合、「から」は「先行文の理由をしめす」(水谷2000)といわれる。

　それとよく似ている「合格した。勉強したからだ。」のような「から」も、原因・理由を後から説明する(国立国語研究所1951)ものであるが、構造的には文末に位置するものではない。文末に位置するのは「だ」である。この「だ」について、奥津(1978)では、前提となる述語が述語代用化の変形規則によって「だ」で代用されているとしている。また、杉浦(2000：20)の、

「だ」文の分類では、「～からだ。」の「だ」は、「「命題伝達的焦点化」の3型で、話し手自身の発話への情報付加をするものであり、命題を確立するための述語部分は、「だ」文の発話者自身の先行する発話にある」、とされる。

「勉強したから。」だけのように、主節に相当する文がない場合には数種類あり、水谷(2000)では、日本語の話しことばを英語へ対訳したものと、英語の話し言葉を日本語へ対訳したもの、それぞれ約1万語を分析し、日本語の話しことばの中に使用された「から」がどのような英語に訳出されているかを調べた。

138例の「から」のうち、訳出されないもの70例の中で、文末の「から」が54例あり、それらの機能は、1. 先行文の理由などを示すもの、2. あとに意見を暗示するもの、3. 相手の発言に理由付けをするもの、4. 質問に答えるもの、であった。「訳出されなかった「から」等は、文と文、あるいは句と句の論理関係を示すもののほかに、三分の一ほど、相手への配慮を示すものがあった(p.151)」としている。

文末「から」の用法についての他の先行研究を、水谷(2000)の分類に従って概観する。

2.4.2 文末の「から」
2.4.2.1 先行文の理由などを示すもの

Ford & Mori(1993)では、日本語と英語の自由会話をデータにして、因果の接続辞「から」と「because」の比較を行っている。その結果「から」がbecauseと最も顕著に違う点はその位置にあるとしている。「から」節は主節の後におかれ、さらに節のなかでも「から」が最後に表われることがある。

```
Placement of kara vs. because
(main clause)    .        kara.
(main clause)    . Because      .          (Ford & Mori、1993：53)
```

英語では、理由節は常に主節の後ろにおかれ、「because」は常に理由節の最初に位置し、固定的位置関係であった。一方日本語では、規範的には「か

ら」節は主節の前におかれる。データとした自由会話では53%が主節の前におかれたが、音声的に主節と連続的に発音されたのは7%しかなかった。この位置は、最後まで結束的な接辞である「から」が表れないので、論理的なつながり方が最後まで明示されないという悪い点もあるが、同時に、話し手が不同意をやわらげたいと思う場合には、これが利点になるとしている。

　時・条件などの他の連用修飾節では91%が主節の前におかれ、59%が音声的に主節と連続していたことを考えると、連用修飾節のなかでも、情報追加的で待遇性が高いという特徴的な構造を主節に後置する「から」節が持っていることがわかる。

　Fujii(1992)は、テレビのインタビュー番組での発話から時、条件、譲歩、因果を表わす連用修飾節を集め、主節に対して前置されるものと、後置されるものとを比較し、後置される連用修飾節の機能について、スコープ、背景(background)か前景(foreground)か、命題を理解するために必要か否か、語用論的特殊性の4項目で、考察した。

　その結果、前置される連用修飾節は先行する談話と強く結びつき、主節の命題の理解を助け、一方、後置される連用修飾節は、話し手が背景となる情報を追加、確認、強調する情報的機能を持つことを指摘している。

　以上、主節相当部分が先行し「から」節がその後に位置する文末「から」について、「から」は主節相当部分の背景となる情報を追加する形で主節相当部分と「から」節の内容をつなぐ役割を果たしており、待遇性が高いということが分かる。

2.4.2.2　意見を暗示するもの

　文末の「から」のうち、「から」節のみで1つのまとまりとなっていて、主節にあたる部分が言語化されない「から」について、高橋(1993)は、「から」「けど」「が」「し」を例にあげ、「理由」や「逆接」などのもともとの意味を引き継いで、「ことがら的な論理関係を表わすだけでなく、話し手の聞き手に対するやりとり関係にかかわる役割も演じることになる(p.22)」「自身が終助辞のようになるのである(p.23)」と文末「から」の機能が接続助詞性から終助詞性を帯びていることを指摘し、「こういう転成は、従属節の述

語から文の述語へという機能の変化の結果として生じたものであるという認識が必要だ(p.23)」と述べている。

また、白川(1991)も、「本来的用法のひとつとして「背景の説明」という用法があり、「終助詞的」な用法はこの用法の変種と考えれば何も特別扱いする必要はなくなる(p.254)」としている。白川(1991)では、小説、ドラマシナリオ、マンガなどの会話を例文にとりあげ、「から」が文末にきた場合の表現効果として、意思を告知する、新情報を告知する、反応を促す、の3つをあげている[13]。そして「から」は原因理由を示して説明するものと、背景を示して説明するものあり、主節部分がない「から」も、「背景の説明」という意味で、他の用法で連続性があることを示唆している。

2.4.2.3 対話者の発言に理由付けをするもの・質問にこたえるもの

Ford & Mori(1993)では、「から」が発話の最後に位置することによって、話し手と受け手の協調を加速することができる点について注目している。一人の話し手が始めた理由節をもう一人の話し手が主節を加えることで協調的に延長することは、文末の接辞としてではなく複文の文中の接辞として再解釈することであり、最初の話し手の言おうとしたことを理解していることをしめす働きがあるとしている。

2.4.3 用法・機能の習得

用法ごとの産出順序についての研究では、認知能力の発達など、成人学習者とは異なる要因の影響もあるので、比較はできないが、話しことばから言語習得をしている幼児も自然習得学習者と同じく、文末「から」が先で節末の方が後に習得されることが報告されている。Clancy(1985)では、日本語の第一言語習得の事例研究の中で、「から」が取り上げられている。調査対象とした幼児では、「から」の形式が最初に使用された例は、依頼や陳述などの「から」をうける主節に相当する部分が言語化されないものであった。その次に見られるのが「どうして」の質問に対する返答として単一の節に「から」をつけるもので、もっとも難しいのはコンテキストの助け無しに、連結された文の両方の節を産出する事である、としている。

言語接触は、特に自然習得の場合、第二言語の統語に影響をもたらすとする研究がある。(Escure1997、Hopper & Traugott 1993)。教室習得環境にある学習者の場合は、教室における学習によって従属接続を構成する文中「から」を授業によって与えられるため、中間言語の体系化は、従属構文も同時に産出されることが推測される。

　大塚(2002)では、台湾人中国語母語の学習者9名の発話と母語話者10名の発話を調査した。その結果、従属節、並列節で終えている中途終了文は母語話者で全体の16%、学習者は来日直後では9%、来日から半年後には14%であった。中途終了文の内容も、来日直後は「から」による終了が4割であったが、来日から半年後には「し」「て」の終了が増えていた。習得環境の変化によって、比較的短期間で話し方のスタイルが変化する可能性があることが示唆された。

2.4.4　機能主義的アプローチ

　言語研究を行う際の立場として機能主義という言葉を使う場合、形式主義に対してつかわれる。この場合の形式主義と機能主義の違いについて、小泉(2000)では「形式主義は言語を人間の心理現象として捉え、「言語は文の集合であり、その主たる働きは思想の表現である」と考えるのに対し、機能主義は言語を人間の社会現象として捉え、「言語は、人間が社会的相互活動を行うための道具であり、その主たる働きは伝達である」(Dik1978：4-5)(Croft(1995)も参照。)」と説明している。この機能主義の立場をとる研究の中にHallidayを中心とするSystemic Functional Grammarや、Langacker、Lakoffを中心とするCognitive Grammarや、Hopper、Thompsonらによる Discourse-Functional Grammarや語用論などがある。

　習得研究においての機能主義的アプローチは、Larsen-Freeman & Long (1991)(牧野高吉訳『第二言語習得への招待』(1995：259)で、「機能主義論者による中間言語研究の多くは、直接的にも、間接的にもGivón(1979a、1979b、1981、1983、1985)の研究に基づいている。」と紹介しているようにGivónの機能・類型学的統語分析(FTSA：Functional-Typological Syntactic Analysis)を用いた通時的な言語変化の研究に端を発しているものが多い。

Givónは「構文法はコミュニケーションの中での使用法を参照しなければ説明も理解もできない：筆者訳」(Givón、1979b：49)といっているように、会話から文法規則が生まれることに注目しており、機能・類型統語分析は言語普遍的である大きな枠組みを目指している。

つまり、コミュニケーションの目的を達成するための機能的な言語使用に見られる人間の知覚や情報処理の基本原理こそが統語規則を生み出すのであり、それは1つの言語や語族に当てはまるのはなく、類型的に普遍的なものであると主張している。

具体的な分析例をあげると、Sankoff and Brown(1980)は、パプアニューギニアのクレオールであるTok Pisinにおける「ia」を分析して、用例の中からその機能の変化を見出している。

英語の「here」から生まれた「ia」は、下の例で見るように、場所を表わす副詞(例1)であったものが、指示的な機能(例2)も持つようになったとしている。

　　例1 Disfela ia, ol ikosim em haumas?
　　　　"This one, how much do they charge for it?"(これ、いくらですか？)
　　例2 Na pil ia(olikilim bipo ia)bai ikamap olsem daipela ston
　　　　"And this pig(they had killed before)would turn into a huge stone."
　　　　(そして、彼らが殺した豚は、巨大な石にかわるかもしれない)
　　　　　　　　　　　　　　　　　　(Sankoff and Brown、1980、p.223、p.213)

例2のような言語の使用が、規範的な文法から逸脱していたとしても、その意味が現場で聞き手の解釈によって成り立ち、その規則が多くの人間によって使用されるようになれば、実際の言語の使用の規則として存在するにいたる。

この例はクレオールの言語変化を分析したものであるが、どのような時にどのように操作するのかを、コミュニケーションの場で試しながら表現し統語規則化していく、というプロセスを経る点で言語習得の過程と言語変化の過程には共通性がある。機能・類型統語分析が通時的な言語変化だけでな

く、中間言語の分析に適応され言語習得にも適応されるのはこのような理由による。

　機能主義的アプローチをとる中間言語研究には、Huebner(1985)、Kumpf(1984)、Pfaff(1987)、Sato(1988)などがあり、基本的な立場は、'Discourse functions develop before grammatical function'(Pfaff、1987：100)という言葉で表されるように、話しことばから統語的規則、つまり文法が発達すると考えるものである。同様に談話など相手とのやり取りの中から統語構造が発達するという考え方は、Longのインターアクション仮説や、Swainのアウトプット仮説に通じるものであり、Hatch、Donato等が指摘した会話から統語が発達するメカニズムはスキャホールディングであるとする研究などにも影響がある。

　本研究では、Givón(1985)の統語規則化表を用いて論を進める。統語規則化表は、統語規則ができあがる前と後の特徴を具体的に、語用論的モードと構文的モードの対照的な現象の変化として表わしている。それが、表2-4に示した統語規則化表(Givón1985、牧野高吉訳1995：260)である。

表2-4　統語規則化表(Givón 1985、牧野訳1995：260)

語用論的モード　――→	統語論モード
(a)話題表現構造の発話	主語述語構造の発話
(b)単一の並置や接続詞との結合による命題間の関係	文法規則(例えば副詞節、補文化、関係節化の使用)によって示される命題間の関係
(c)スピードの遅い話しことば	スピードの速い話しことば
(d)ひとつの音調曲線が短い発話を統制する	ひとつの音調曲線が長い発話を統制する
(e)名詞に対する動詞の割合が高く、単一の動詞を多く用いる	名詞に対する動詞の割合が低く、複合動詞を多く使用する
(f)文法形態素が表出されない	文法形態素が表出される

　Larsen-Freeman & Long(1991)によると、中間言語の発達においてこれらの現象が認められるかどうかの研究が多く行われているが、確認には至っていない。

　「から」が関連するのは、(b)の命題間の関係であるが、この点について

Sato(1988)は 2 人のベトナム人英語学習者の会話的中間言語の縦断データを検証した。散漫な等位接続がしっかりした従属節に変化する現象を捉えようとしたが、約 10 ヶ月の調査期間の間には従属節の出現を確認することはできていない。二人の接続辞の出現順序を見ると and /or / because / When / but の順になっており、中間言語の発達における複文の構文法(complex syntax)の出現(創発・emergence)は、等位接続をするものが早い可能性がある。

現象の変化という結果だけではなく、その結果に到達するまでに、どのような仕組みで変化するのか、が縦断研究によって明らかになりつつある。Skiba & Dittmar(1992)は、「特定のプロトティピカルな語や構造が、初期の学習者言語において、前兆となる機能をもち、のちの習得過程において連続的に習得される同属の語や構造と競合して文法化される。(筆者訳)」としている。

また、統語規則化表では、おもに統語規則ができる前と統語規則ができた後での現象的な違いとして述べているが、Givón(1995)では、なぜそのような違いが生じるのかという原理に焦点をおいて、テキストの理解に必要ないくつかの領域における談話の処理についての特徴を、統語化規則表を発展させたディスコースプロセス対照表(pre-grammatical vs. grammatical discourse processing：Givón1995：402 筆者訳)を表 2-5 のように表している。

人間のディスコースプロセスには、語彙的なキュー(手がかり)に基づいて、部分もしくは全体の一貫性(coherence)を構築することで行われる前文法的(pre-grammatical)モードと、文法的なキューに基づいて行われる文法的(grammatical)モードがあり、習得過程においては前文法的モードが先行して現れるとしている。文法的モードでは談話的語用論的(discourse pragmatic)機能は、文法をコードとして表わされるが、前文法的モードでは十分にコード化された語彙やコード化されていないコンテキストによる推論をコードとして表わすとされている。

表 2-5 の中の構造的領域については、表 2-4 の統語規則化表の(b)、(c)、(f)と関連している。機能的領域はテキストを理解するための構造的なキュー以外の側面における特徴を表している。認知的領域は、認知活動とし

てのテキスト処理の特徴を表している。

表2-5　ディスコースプロセス対照表(Givón1995：402、筆者訳)

領域	文法的モード	前文法的モード
構造的		
a. 文法的形態素	豊富	ない
b. 統語的構造	複文・埋め込み構造	単文・連接
c. 語順	文法的(主語述語)	語用論的(話題評言)
d. ポーズ	流暢	ためらいがち
機能的		
e. プロセスの速度	早い	遅い
f. 心理的努力	苦労しない	困難な
g. 誤用率	低い	高い
h. 文脈への依存度	低い	高い
認知的		
i. プロセスのモード	自動的	注意を払う
j. 習得	後になる	初期
k. 発展	後になる	初期

　Givón(1995)では、意味的な一貫性を構築するための文法的なキューである接続詞の指示的継続性についてのHayashi(1989)の研究を紹介している。

　Hayashi(1989)は、英語のand、thenなどが導く節が、他の節とピリオドで区切られた2つの文を構成するか、コンマでつながれた1つの文を構成するか、ピリオドもコンマもない1つの文を構成するか、で分類し、それぞれの節で主語の交代がおきている割合を調べた。その結果は、表2-6のようになった。ピリオドで区切られた2つの文が最も高い割合を示し、コンマもピリオドもない1つの文を構成する場合の主語交代は最も低い割合を示していた。

表 2-6　And、then とコンマまたはピリオドの組み合わせによる節の指示的継続性(Givón1995：374)で引用している Hayashi(1989)の表、筆者訳)

接続詞の種類	接続詞の前後で主語交代が起きる割合
and	15%
, and	70%
. And	81%
and then	16%
, and then	36%
, then	100%
. Then	50%
. Parag./ Then	56%
comma(alone)	100%
period(alone)	72%

　主語交代があるということは、2つの節が表わす命題間の指示的継続性が低いことを表わす。そのことから、同じ文法的キュー(てがかり)がある場合でも、2つの文にわたるような構造は、主語交代が起こり易い、すなわち指示的継続性が低いといえる。

　指示的継続性は、一貫性を表わす項目の1つである。接続詞の前後に指示的継続性があれば節間に一貫性があり、節と節のつながりがテキストの理解に結びつきやすい。逆に、指示的継続性が低いと、テキストの理解に文脈への依存が高くなる。

2.4.5　用法と機能の問題のまとめ

　「から」には、主節との位置関係で大きく分けて、複文を構成する「から」と主節相当部分が先行し、単文の文末に位置する「から」、主節相当部分が言語表現化されない文末「から」の3種類がある。

　これまでの先行研究をみると、意味、構造に関する研究は複文を構成する「から」が多く扱われ、単文の文末の「から」は、談話、語用論的な研究で分析の対象とされてきた。それは言語使用領域によって使用される用法が違

うことを意味する。特に主節を伴わない文末の「から」については、終助詞に近い機能へ変化していると考えられている。

用法ごとの習得順序を見ると、幼児では単文の文末「から」の産出が先行し、複文を構成する「から」へと産出がすすむことが報告され(Clancy、1985)、自然習得学習者でも同様の順序が予測されている。つまり、接続助詞としての本来的な用法よりも、終助詞的な用法の習得が先になると考えられている。

それは、Givón(1995)によると、当初、語彙的なキューに基づいて全体の一貫性を構築してコミュニケーションを達成しようとする、ディスコースプロセスがとられるために、文法構造よりも、文脈に依存したテキスト理解が主になるからだと考えられる。文法的モードで産出できるようになったその先に、どのように言語使用が展開していくかについては言及されていない。

教室習得学習者の「から」の用法ごとの産出順序についての先行研究は管見の限りみあたらない。教室習得学習者の場合、複文を構成する文中の「から」は学習によって提示されるが、主節相当部分のない文末「から」は、学習の機会が相対的に少ないと思われる。複文構造を教室で学習した後、話しことばでの用法拡大は、どのように拡大していくのであろうか。

次の章では、構造と機能の2つの基準で、「から」の用法を分類し枠組みを設定する。

注
5 理由を表わす「て」の文末の述語の形式については、「その後に来る文末の述語の形式として、『－ウ、－ヨウ、－マイ(意志)・－ナ(禁止)・命令形』を取りにくい」(池尾1963：42)「後項が意志的動作だと、「て」は使えない。『この中止形の「～て」自身は、テンスは示さない。それは後続の動詞におぶさっている(国際交流基金1978)』であるから、もし後項を意志のムードにすれば、前項も意志のムードになる。」とされる。
6 合文は「二個以上の対等的価値を有する句を持って更に大なる思想をあらはす要素として結合して個体となりたるもの」とされる。(日本語教育事典1982)
7 複合構文は、「彼は勉強したから、彼は合格しました。」のように、主節と従属節が主

語を共有するものを言う。複合構文は、「勉強したから合格したAさん」のように、別の連体修飾語にあらわれ得るので、従属節と主節の結びつきは固いといわれる。

8　付加構文は、「電車が止まったから、私は遅刻しました。」のように、主節と主語が異なる従属節の付き方をいう。付加構文における従属節は、条件的な意味がぼやけるなど、条件的な意味でも主観的な色合いが付いていることが比較的多いといわれる。付加構文における従属節は陳述的成分や、独立語に近くなっているとされる。

9　Parataxisの訳語としては、「並立」をあてる辞典や研究もある並列は、限定的には、接続詞を省略して等位的に接続したものを並列（parataxis）と表記することがあり、言語学大辞典（1996：1206）によれば、接続辞の省略的な構造というのは、英語では、「I did fight, I fought till the very end.（私は戦った、最後まで戦った）」のような継起関係、のほか、「Winter is over; spring has come.（冬が去り、春が来た）」のような対等関係、「You're sick, you'd better go to bed（きみは病気だから、寝たほうがいい）」のような理由関係、「He is blind—he can see nothing—but he can see with his heart（彼は盲目だ、だから何も見えない、だが心でみることができる）」のような結果関係、「Were the danger even greater, I should feel compelled to go（たとえ危険が一層大きくても、行かなければならない）」のような譲歩関係など、さまざまな関係を表わすことが出来る。」とされる。また、「このような表現が日常的な会話に多くみられ、また、物語の中で、よく起こるのは理解できる。従属統語が、はじめから冷静に構築されていくのとは異なり、思いつくままに表現していくには、必ずしも形のうえでの論理性は望めないからである。」（p.1208）と、並列構造が話しことばで多くみられることの説明をしている

10　田窪（1987）は、「から」には、例1のように、「の」によって「から」節が「でしょう」のスコープ内にはいり、「彼女の行った理由」を述べて、例2のような解釈ができるB類の要素である「から」と例3のように「から」節を「でしょう」のスコープに入れた読みができず、話し手が「彼女も行った」と推測する理由を述べるC類の「から」の2つの用法があるとしている。

　　例1　彼が行ったから彼女も行ったのでしょう。
　　例2　［彼が行ったから彼女も行った］のでしょう。
　　例3　彼が行ったから彼女も行ったでしょう。
　　例4　彼が行ったから［彼女も行った］でしょう。

11　望月（1990）は、理由節は期待された結果が実現された仮定節で、仮定節の成立と結果節の成立がどのように結びついているかを、因果関係のスケールによって、法則的、擬似法則的、機能付与的、促進的の段階にわけ、法則的から促進的へと段階がすすむにしたがって、連結の度合いが次第に弱まり、双方の独立の度合いが強まる、としている。

12　この分類は現実の用例に基づいたもので、長谷川（1998）によれば、小説、科学技術文、新聞の社説などに適用したところ、92〜93.5％の文で、正しい複文解析の記述ができたとしている。できなかったものは、並列構造を持つ文や、途中に主語の異なる節が入る文である。また、長谷川は、「〜し〜し」や「〜て〜て」のような共起関係は

分析していない。
13 ただし、白川(1991)で例文として挙げられているものを見ると、話し手が1つ前のターンで主節相当部分を述べているものもあり、ここで終助詞的用法とよんでいるものは、「から」の直後に主節相当部分がないものをさし、直後以外に主節相当部分があるものも含むものと思われる。

第 3 章
構造 – 機能の 2 基準による「から」の用法の分類

3.1 「から」の用法

「から」を含む従属節は文における位置が固定的ではないという特徴を持つ。「から」の用法を主節との位置関係によって、表 3-1 のように分類する。

①「勉強したから。」のように主節がないもの、②「合格した。勉強したから。」のように、「から」節に主節が前置するもの、③「勉強したから、合格した。」のように、「から」節に主節が後置するものである。そこで、主節に注目してそれぞれの用法に名前を付けると、①無主節型、②主節前置型、③主節後置型となるが、主節前置型には文末が「だ」となるものがあり、これを④主節前置型「からだ」とする。さらに談話において主節と「から」節を対話者間で協調的に終結するものを⑤主節前置型共話タイプ、⑥主節後置型共話タイプとする。

表 3-1 に「から」の用法の分類をしめす。「から」節 S1 と主節 S2 の位置関係によって、左から、S1 のみ（主節なし）、S2-S1（主節が先）、S1-S2（主節が後）の順に分類した。

表3-1　主節との位置関係による「から」の用法分類

S1(主節なし)	S2-S1(主節が先)	S1-S2(主節が後)
①無主節型	②主節前置型	③主節後置型
	④主節前置型「からだ」	
	⑤主節前置型共話タイプ	⑥主節後置型共話タイプ

　無主節型は、主節が言語表現化されずに文脈に依存して主節が暗示されるものや、「じゃ、僕は帰るから」や「絶対にゆるしませんからね」のように後件は行動に直結させる用法である。

　主節前置型は、「仕事を休む。頭が痛いから。」のような、先行文の理由を示す(水谷2000)「から」である。この「から」は、後置される連用修飾節であり、Fujii(1992)で指摘されたように、背景となる情報を追加、確認、強調する。

　主節前置型「からだ」を分裂文[14]とする先行研究(花井1990)もあるが、本研究では文構造としての分類はしない。この「から」については、国立国語研究所(1951)では、主節前置型とほぼ同じ「原因理由を後から説明する」と述べられている。

　「からだ」を文末に持つ文には、いくつかの構文がある。そのなかには、「から」が形式名詞と解釈できるものがある。ここで、主節前置型「からだ」の範囲を定める。

　「2.3.1節の接続」でみたように、「から」を含む文構造は主語を共有するかどうかで2種類あった。複合構文といわれる主節と従属節の主語が一致するものと、付加構文と呼ばれる主節と従属節の主語が一致しないものである。

　主語を共有する複合構文では、従属節と主節の結びつきは比較的固く従属節は状況語に近づいていた。しかし、主語を共有しない付加構文では、従属節は陳述的成分や独立語に近くなっている。

　久野(1973)では、「のです」と、「からです」の比較をしている。「のです」では、例1も例2も文が成り立つ。

（１）　体重が 10 ポンド減りました。病気なのです。
（２）　病気です。体重が 10 ポンド減ったのです。

　このことから、「「カラデス」が説明せんとする事象は文として言語化されたものでなければならず、しかもその文はそのままのかたちで、「S1 ノハ、…カラデス」の S1 として用い得るものでなければならない。」(p.149)としている。
　つまり、「体重が 10 ポンド減りました。病気だからです。」のような主語を共有する複合構文は、「体重が 10 ポンド減ったのは、病気だからです。」と言い換えられるので、名詞とも解釈できるが、「病気です。＊体重が 10 ポンド減ったからです。」のような付加構文は、(＊病気なのは、体重が 10 ポンド減ったからです。)と言い換えられないので、「から」を形式名詞とは、いえないとしている。
　「遅刻しました。電車が遅れたからです。」のように主語が異なる場合は、「から」は形式名詞ではないことになるので、本研究では主節前置型「からだ」とする。
　主語を共有する場合、「からです」が文末になる文には、おもに以下の 5 種類がみられた。

（３）　「彼は合格した。勉強したからです。」
（４）　「彼は合格した。なぜなら、勉強したからです。」
（５）　「彼は合格した。なぜなら、それは勉強したからです。」
（６）　「彼は合格した。それは勉強したからです。」
（７）　「彼は合格したのは、勉強したからです。」

　本研究では、(３)と(４)は「彼は合格した。(彼は)勉強したからです。」と、主語を共有する複文の倒置で解釈することができるので主節前置型「からだ」と考える。
　(５)～(７)では、「それは」や「～のは」で、「その理由は」や「合格したことは」のような「(名詞)は(名詞)だ」の構文で解釈できるので、主節と「か

ら」節の主語が同じ複合構文で、(5)〜(7)のように「〜は〜からだ」となっているものは、主節前置型「からだ」としない。

　主節前置型、主節後置型には、談話でのみ見られる用法がある。日本語の談話では、接続助詞は共話構造がうまれやすい形態素の１つである。共話[15]といわれる対話者間で対話を共同構成する談話構造で見られる「から」を共話タイプとして下位分類する。

　主節前置型のうち、例(8)のように対話者が先に主節部分を発話し、それに「から」節部分を後から付け加えたものを「主節前置型共話タイプ」とする。

(8)　話し手：合格した。
　　　対話者：勉強した<u>から</u>

　これは、要求された以上の情報を提示する、「拡張」と呼ばれる談話ストラテジーである。直前発話への共感を示し、賛成または否定など婉曲的に表わす効果がある。

　「2.4.2 文末の「から」」で触れたように、主節に対して前置される連用修飾節（複文を構成する主節後置型）は、主節の命題の理解を助ける（Fujii、1992）とされる。発話者が従属節を「から」まで発話したあと、例2のように、聞き手がその続きを補完して、文を完成させる先取り完結の発話は、主節後置型の下位分類で、これを「主節後置型共話タイプ」とする。

(9)　話し手：頭がいたい<u>から</u>、
　　　対話者：仕事を休む

　とくに、初級の学習者と母語話者の談話では、母語話者による先取り完結が見られる。

3.2　構造的基準と機能的基準

　用法の拡大を構造と機能の基準から捉えるために、2章でみた Givón

(1995)のディスコースプロセス対照表を使用する。

対照表で示された構造的領域と、機能的領域の特徴のなかで「から」が関連するのは、表3-2のように、構造的領域の節の接続方法と機能的領域の文脈への依存度の2つの基準である。

表3-2 Givón(1995)の対照表のうち「から」に関する2つの項目

	前文法的モード	文法的モード
構造的領域	単文・連接	複文・埋め込み
機能的領域	文脈への依存度高い	文脈への依存度低い

前文法的モードは、コード化された語彙やコンテキストによる伝達を含み語用論的類推によって談話処理されるという特徴を持つ言語体系である。構造的には単文や連接が相対的に多く、機能的にはテキストの理解のために文脈へ依存する度合いが相対的に高くなる。

一方、文法的モードは、文法によって談話が処理されるという特徴を持つ言語体系である。構造的には複文や埋め込み構造が相対的に多くみられ、テキストの理解には文脈へ依存する度合いが相対的に低くなる。

Givónは会話から統語規則が生まれると主張している。よってGivónのいう統語規則ができる前の言語体系である前文法的モードは、語用論的で話しことば的な特徴が現れたものであり、文法的モードは反対に統語論的で、書きことば的な特徴が現れたものである。

「1.2 何を基準に分析するか」で述べたように、本研究では教室習得学習者の言語使用が母語話者の規範に近づいていく過程で、「から」のバリエーションが増えて場面に応じた「から」の用法を使い分けるようになる伝達能力の発達に研究の焦点がある。教室習得学習者は、複文構造を学習しているので習得は始まっており、語用論的類推によって談話処理される用法を産出したとしても、それは、統語規則を習得していないために代替として使用されたものであるという意味ではない。

よって、構造的に単文・連接構造で機能的に文脈への依存度が高い「から」の用法が使用された場合、統語規則が習得されていないという意味が含

まれる「前文法的」ではなく、「話しことば的」特徴があると考える。同様に、構造的に複文・埋め込み構造で機能的に文脈への依存度が低い「から」の用法が使用された場合、「文法的」ではなく「書きことば的」特徴があると考える。

3.3 「から」の用法の機能的領域（文脈への依存度）による配列

　機能的領域の特徴のなかで、「から」の用法ごとに分類できるものは、文脈への依存度である。

　無主節型は、先行研究（水谷 2000）によって「意見を暗示する」という機能を持つと定義されている。主節に相当する発話意図と「から」節の意味的なつながりが、文脈に大きく依存する。「から」の用法の中で、無主節型は最も文脈への依存度が高いといえる。

　主節前置型は、先行研究によって、「後から理由を示す」（水谷 2000）、「背景となる情報を追加、確認、強調する」（Fujii1992）とされている。「2.4.4 機能主義的アプローチ」で述べたように、2つの文にわたるような接続方式は主語交代が起こりえて指示的継続性がひくく、一貫性が低いので、主節がまったくない無主節型よりは文脈への依存度は低いが、1つの文になっている主節後置型よりはテキストの理解に文脈への依存度が高くなると考える。主節前置型「からだ」は、主節前置型と文脈への依存度は同じである。

　主節後置型は、2つの事象を一まとまりのコト、すなわち主節の命題としてまとめる役割をしている。したがって、「から」節と主節のつながりは、「から」の用法の中で最も文脈への依存度が低いと考えられる。

　共話タイプは、作り上げたテキストの理解に関する文脈への依存度であるので、一人で産出した場合と同じと考える。

　以上をまとめると、文脈への依存度の観点では、「から」の用法は以下の表3-3のように、依存度が高いものから無主節型、主節前置型、主節後置型の順に配列できる。

表3-3 文脈への依存度による「から」の用法の配列

文脈への依存度	高い	中程度	低い
用法	無主節型	主節前置型	主節後置型
		主節前置型「からだ」	
		主節前置型共話タイプ	主節後置型共話タイプ

3.4 「から」の用法の構造的側面（節の接続）による配列

　2つの節を連ねて1つの文を作るとき、2つの節の接続の種類には、一方を従属させるものと、両方を対等に接続するものがある。「2.3.1　節の接続」で述べたことと重複するが、従属接続は、一方を他方の節に埋め込む接続で、従属接続された接続関係を「従属」もしくは「従位」(hypotaxis、subordination)という。また、等位接続は、接続する前後の要素が対等で交代可能なもので、等位接続された接続関係を、「並列」もしくは「等位」(parataxis、coordination)という。

　本研究では話しことばと書きことばで同じ枠組みを適用するので、文の単位で分析することはできない。そこで構造を節の接続関係を示す用語、従属接続、等位接続で分類すると、以下の表3-4のようになる。

　無主節型は、主節が言語表現化されていないので、接続関係がない。

　主節前置型は、「から」節に相当する部分は、主節に相当する部分に埋め込まれていない。前後の要素を交代することが可能であり、2つの要素（節）の接続関係は等位であるとする。主節前置型共話タイプ、主節後置型共話タイプについては、2つの節を二人で構成しているが、それぞれ主節前置型、主節後置型の接続関係と同じであるとする。

　主節前置型「からだ」の接続関係は、主節前置型と同様に等位接続と考えると、「対等で交代可能」という等位接続の定義がなりたたない。「からだ」の「から」は節末に位置し、「だ」が主節相当部分を表していることから、従属接続であると位置付ける。

表 3-4　節の接続による「から」の用法の配列

接続関係	接続関係なし	等位接続	従属接続
用法	無主節型	主節前置型	主節後置型
			主節前置型「からだ」
		主節前置型共話タイプ	主節後置型共話タイプ

3.5　構造－機能の2基準による「から」の用法の分類

　縦に構造的基準(節の接続)、横に機能的基準(文脈への依存度)をとって「から」の用法を再配列すると表3-5になる。この表3-5を「から」の用法の構造－機能表と呼ぶこととする。

表 3-5　構造－機能の2基準による「から」の用法の分類(構造―機能表)

横：文脈への依存度 縦：節の接続	高い　←　　　　　　　　　　　　　　→　低い		
従属関係		主節前置型からだ 「合格した。勉強したからだ。」	主節後置型 主節後置型共話タイプ 「勉強したから、合格した。」
等位関係		主節前置型 主節前置型共話タイプ 「合格した。勉強したから。」	
接続関係無し	無主節型 「勉強したから。」		

　表3-5の左下は、接続がなく文脈への依存度が高いという話しことば的モードのディスコースプロセスの特徴を持つ無主節型となり、反対に右上は接続が従属接続で文脈への依存度が低い書きことば的モードのディスコースプロセスの特徴を持つ主節後置型となる。

　本研究では、教室習得学習者を対象に、「から」の用法のバリエーションが増えて、母語話者の規範をめざして、使用領域にふさわしい言語使用ができるようになる過程を明らかにすることを目指している。

　教室習得学習者の場合、統語規則、ここでは従属接続の主節後置型は、教

室学習によって与えられており、統語規則の習得の目標段階である主節後置型の産出には到達しているものと考えられる。そこから、「から」の使用がどのように場面や使用領域にふさわしいものになっていくかは、「から」の用法のバリエーションが母語話者の規範に近づく進捗過程を意味する。

規範的な書きことばでは、無主節型を除く3種類の用法（表 3-6 の点線カコミ内）が主に使用され、規範的な話しことばでは主節前置型「からだ」を除く5種類の用法（表 3-6 の実線円内）が主に使用される。

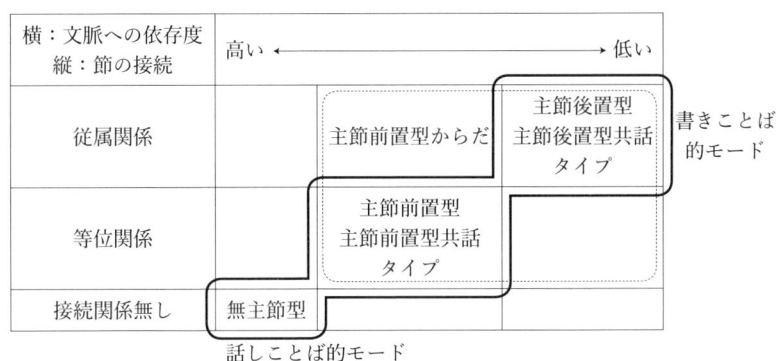

表 3-6　書きことば・話しことばにおける「から」の用法の使用範囲

横：文脈への依存度 縦：節の接続	高い ←		→ 低い	
従属関係			主節前置型からだ	主節後置型 主節後置型共話 タイプ	書きことば的モード
等位関係			主節前置型 主節前置型共話 タイプ		
接続関係無し	無主節型				

話しことば的モード

　話しことばの分析で、産出された「から」の用法の構成比率が、実線カコミ内の「から」用法間で、より話しことば的モードの特徴をもつ無主節型へと構成比率が移行していけば、話しことばらしい話しことばへと用法が拡大したものと考える。

　また、反対に書きことばでは、点線円内の「から」の用法間で、書きことば的モードの特徴をより強く持つ主節後置型や、主節前置型「からだ」の構成比率が高くなれば、書きことばらしい書きことばへと、用法が拡大したものと考える。

　構造―機能表を用いて、4章と5章から書きことば、6章から話しことばにおける、「から」の用法の構成比の変化によって「から」の用法の拡大を表わすモデルを作る。4章では、書きことば（作文）における学習者の産出した「から」と母語話者の産出した「から」の用法を、比較して横断的に分析

する。

注
14 ある特定の情報を際立たせるために、それぞれの動詞を含む2つの文に分裂させたものを分裂文(cleft sentence)という。典型的には「It + be動詞」で始まり、強調される要素がそれに続く。Mrs. Smith gave Mary a dress. という文は、It was Mrs. Smith who gave Mary a dress. という分裂文に書き換えられる。(ロングマン応用言語学用語辞典：51)
15 水谷(1980)では日本語の談話の特徴として「一人が自分の話を終わりまで述べて、次に他の一人が改めて自分の考えを述べ始めるより、二人が互いに補い合い、はげましあいながら話の流れを作っていく態度が基本になっている(p.32)」と述べ、共話という言葉を使った。共話型の談話として本書では先取り応答(話し手の発話が完結しない時点で行われる応答)、先取り完結(話し手の発話の続きを予測して聞き手が完結させる発話)、繰り返し(相手への共感に基づく話し手の発話の一部または全体のくりかえし)をとりあげる。

第4章
書きことばの横断分析

　言語学は当初比較言語学などの通時的研究が盛んだったが、ソシュール以降、共時的研究が盛んに行われるようになった。習得研究の中で縦断研究、横断研究、といった場合、この通時的・共時的の研究方法の対比と同様なものを指す。つまり、時の流れの中で言語がどのように変化したのかという分析を行うものを縦断研究、ある時に限って言語の様々な側面を分析するものを横断研究と称する。

　3章では、構造(節の接続関係)と機能(文脈への依存度)との2つの基準によって「から」の用法を配列した。

　この基準を用いて、4章では学習者と母語話者が作文で産出した「から」を分析する。言語形式の選択に表現内容による影響がでないように、同じ題名や指示によって書かれた作文のデータベース(国立国語研究所 2002)を用いる。産出された「から」の用法構成比率、「から」節の広がり、中間言語的な特徴を分析し、中間言語における「から」の実態を明らかにする。同時に、母語話者の産出した「から」も同様に分析する。

4.1　書き言葉の横断分析をする目的

　ここでは、教室習得環境にある学習者が最も産出する機会が多いと思われる作文を、書きことばのデータとし、産出された「から」を横断的に分析する。まず、学習者の書きことばにおける「から」の用法の構成比の特徴を明

らかにする。それを規範となる母語話者の用法構成と比較し、「から」の用法のバリエーションが中間言語とどのように違うかを分析する。

また、「から」の新しい用法を産出する際に学習者が作り上げる中間言語の規則を、節の接続関係や中間言語的な特徴から考察する。

4章では、書き言葉における「から」の用法を学習者と日本語母語話者で比較し、機能的領域と構造的領域における特徴がどのように異なるかを分析し、以下の点を明らかにすることを研究課題とする。

1.「から」の用法の構成比（学習者と母語話者の比較）
2.「から」節の広がりからみる節の構造の習得順序
3.「から」の用法が拡大する際の中間言語の規則

4.2 分析したデータ

国立国語研究所の「日本語学習者による日本語作文とその母語訳との対訳データベース ver.2」中の「喫煙の規制について」という学習者と母語話者が書いた作文を用いる。

収録されている作文のうち、研究に使用することに同意している学習者253名分の作文を収録順に使用する。国別の内訳は、タイ32名・シンガポール15名・マレーシア30名・インド35名・ベトナム24名・カンボジア30名・モンゴル32名・中国21名・韓国23名である。作文の総文字数は学習者が15万3千字あまりである。また、比較のために、同様に母語話者33名分、総文字数2万2千字あまりのデータも使用する。

4.3 対象とする形式

今回のデータは作文であるので、3章の表3-5から共話タイプを除いた下の表4-1に表された用法を、「から」の用法として分析の対象とする。

表 4-1 書きことばの「から」の用法

横：文脈への依存度 縦：節の接続	高い ←――――――――――→ 低い		
従属関係		主節前置型からだ 「合格した。勉強したからだ。」	主節後置型 「勉強したから、合格した。」
等位関係		主節前置型 「合格した。勉強したから。」	
接続関係無し	無主節型 「勉強したから。」		

4.4 分析方法

4.4.1 「から」の用法の構成比率の比較

　学習者の作文で産出された「から」を、主節後置型、主節前置型、主節前置型「からだ」、無主節型、の用法分類に基づいて分類し、全学習者の産出数を用法ごとに合算する。「から」の用法構成比率は、用法ごとの産出数を、「から」の総産出数で除した百分率比である。同様にして、母語話者の産出した「から」の用法構成比率もだす。

　学習者の「から」の用法構成が、母語話者の「から」の用法構成に近似すると仮定し、母語話者の産出した「から」の用法の方が、統語的モードの特徴を持つ用法のバリエーションが多いかどうかを確認する。

4.4.2 節の接続関係の特徴の分析

　「から」節の広がりの特徴を用法ごとに分析する。「から」の用法が拡大する順序と、「から」節の広がりの特徴からみられる節の接続関係の発達の順序を比較し、2従属節を持つ複文など、構造的な発達の順序を推測する。

4.4.3 中間言語的特徴

　中間言語的特徴を接続形式に関するもの、丁寧体に関するもの、意味に関

するものに分けて分析する。

4.5 結果

4.5.1 「から」の用法の構成比率の比較

学習者、母語話者が産出した「から」を用法分類し、国別に使用数を集計し表 4-2 に示す。

表 4-2 「から」の用法別産出数

	主節後置型	主節前置型「からだ」	主節前置型	無主節型
インド	23	4	4	0
ベトナム	9	4	2	0
カンボジア	32	4	7	0
タイ	41	18	1	0
シンガポール	10	0	0	0
マレーシア	35	5	5	1
モンゴル	37	8	2	0
中国	11	0	0	0
韓国	27	14	3	2
学習者平均	225	57	24	3
母語話者	19	16	3	0

表 4-2 の「から」の使用数全体に占める、それぞれの用法の比率をもとめ、「から」の用法別内訳比率をグラフ化したものを、図 4-1 に示す。

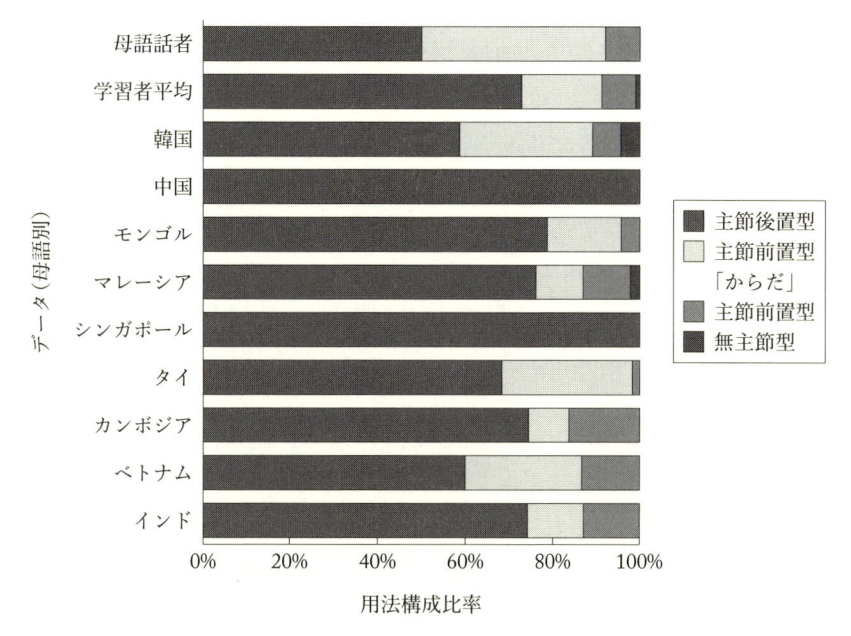

図 4-1 作文における「から」の用法構成比率

　学習者も母語話者も、最も多いのは主節後置型である。国別に比率の違いは多少みられるが、学習者ではすべての国で主節後置型の比率が母語話者よりも高く、学習者の平均では「から」全体の 70% 以上をしめる。

　学習者、母語話者ともに無主節型はほとんどみられない。意見文の作文の書きことばでは、「から」節は主節部分を伴うことが規範的であり、学習者もその規則に則った産出となっている。

　母語話者においては、「なぜなら～からだ。」のような主節前置型「からだ」が 40% と多く、数量的には 50% をしめる主節後置型とあまり差がない。母語話者は作文で主張を支持する根拠をのべるときに、「なぜなら～からだ」という表現が定形表現となっている可能性がある。学習者がこの文章表現法を学習すると、母語話者の規範により近くなることが予想される。

　この結果から、中間言語における「から」の用法は、主節後置型中心の用法構成から、主節後置型と主節前置型「からだ」が同じ程度使用される用法構成へと変化することが推測される。

4.5.2　節の接続関係の特徴の分析

　もう1つの「から」の構造的特徴を表わす節の接続関係として、「から」節と主節以外の他の節との間の接続関係を分析する。「から」節の広がりがどのような順序で増えると推測されるかを分析する。

4.5.2.1　主節後置型「から」にみる節の接続関係

　例10のように、主節相当部分が「から」の後にくるものの、読点によって2文になっている産出は、単に句読法の間違いである可能性もあるが、主節後置型の「から」と主節前置型の「から」の発達における連続性を示唆する。

(10)　でも、外国から多くのえんじょをうけていますから。もんだいがありません。

　主節後置型の「から」では、理由の列挙の方法に中間言語的な特徴がみられる。母語話者の主節後置型19例のうち、他の節を伴って理由を列挙しているものは、例11の「～し～から」のみであった。

(11)　喫煙所を設けている所は多くあるわけだし、吸うことはできるのだから、やはり規制するところは、きちんとする必要があると思います。

　学習者の主節後置型225例のうち、原因、理由を表わす従属節が2つ以上現れて、理由を列挙しているものは、21例ある。その内訳を下表4-3に表した。

表4-3　主節後置型「から」が表わす理由の列挙で使用された接続助詞類の組み合わせ（実数）

3つ以上の列挙			2つ以上の列挙		
～たり～たり～から	～し～し～から／～から～から～から	～から～ので～から	～て～から／～(連用中止)～から	～し～から	～ので～から
1	2	1	12	4	1

　ひとつの文で、「から」を3回連続させ、「て」を1回組み合わせている例

3 と、「し」を 3 回と「から」を 1 回連続させている例 4、「から」2 回と「ので」を組み合わせている例 14 は、日本語の書きことばの規範からは異なっていると、考えられる。

(12) 例えば、やってみたいから、友だちがいどむから、ストレスがあるから、問題をかいけつ方法がなくて、たばこを選びます。
(13) 木もたくさんあるしうみもあるし　魚もたくさんいるし　やさいとこめもあるし　むかしからたてたお寺もたくさんありますからカンボジア人たちはがんばろう。
(14) モンゴルはタバコを作らないから外国に輸入するのでたくさんのお金がかかっていますからたいへんですね。

　母語話者では、3 つ以上の理由の列挙は見られなかった。例 12 のような、「から」の連続的使用では、「から」節どうしの接続関係は等位関係である。例 13 の「し」と「から」の接続も、等位関係である。例 14 では、日本語の規範に完全には適っていないが、「〜から〜ので〜から」と、「から」と「ので」を使って節の構造化を図ろうとしている。同じ接続助詞の連続による散漫な等位接続から、複数の接続助詞を使って節を構造化しようとする試みが、日本語の規範的な統語構造への進捗を表わす現象となることが推測される。

　「〜て〜から」の 12 例の中にも、例 15 のように「て」によって逆接の確定条件をあらわしているものがある。例 15 が、「〜が〜から」のように、日本語の規範に沿った形で、2 つの節の従属関係をより明確に表わすためには、複数の種類の接続助詞の組み合わせについての日本語の規範的な文法規則を習得することが必要となる。

(15) どころがその大部分の人たちがタバコを続いて吸って来ている中年層だと見られて、むしろ新しくタバコを始める人は幼い学生たちだからそれが一番大きい問題だと思う。

1種類の接続助詞の連続使用による等位接続、規範的な文法規則に則った複数の種類の接続助詞による等位接続や従属接続という節の接続関係のバリエーションが主節後置型にみられた。

4.5.2.2　主節前置型の「から」にみる節の接続関係

　主節前置型は、書きことばで使用された場合、倒置文となる。倒置文は語順を変えることで文頭部が独立性を持ち、強く印象付けられるという表現効果がある。つまり、書きことばでは主節前置型は、主節後置型や主節前置型「からだ」に比べ、使用できる場面が限定的である。母語話者で主節前置型の「から」を使用しているものは、以下の3例(例16～18)である。

(16)　やはりこれは喫煙者がマナーを守る以外に方法はないと思うのです。非喫煙者にはどうすることもできないのですから。
(17)　マナーを守って吸う分にはこっちも文句は言えないと思うが、マナーを守れない人間がいるならばもっと厳しく法で規制してしまえばいいと思う。周囲に害を与える物であるから。
(18)　私としては、"他人の嫌がることはしない"という、人間の最低限の良心が存在し機能することを信じたいです。それをも規制するのなら、私達人間の判断力は無意味なものになってしまうから。

　学習者が産出した主節前置型「から」には、主節後置型「から」で見られたのと同様に、「から」を連続して理由を列挙する例が見られる。

(19)　たとえば、たばこのコマーシャルは子どもに悪い影響を与えるから、テレビで放送できないようにするべきだ。これは子どもはテレビをよく見るから、たばこのけむりは悪い影響を与えるから。

　例19の「主節。～から、～から。」も、連続する「から」節の間に、従属関係はなく等位接続にあたる。
　主節前置型と主節前置型「からだ」の連続性は、例20の様な「なぜなら

〜から。」と、「だ」が脱落している例から示唆される。

(20)　もし私のこいびとがタバコをすったいれば私はかならずそれをやめさせることにします。なぜならタバコをすう人から悪いにおいが出るから。

4.5.2.3　主節前置型「からだ」の「から」にみる節の接続関係

　主節前置型「からだ」の「から」節の広がりは、主節後置型や主節前置型と異なり、主節後置型や主節前置型のように、「から」の連続使用による理由の列挙は見られない。主節前置型「からだ」では、主節以外の他の節と従属関係や等位関係で接続する「から」の占める割合が学習者の方が母語話者よりも多い。

　学習者の主節前置型「からだ」は総数 57 例で、そのうち広がりのある主節前置型「からだ」は、21 例であった。一方、母語話者は主節前置型「からだ」16 例のうち広がりのある「から」は 4 例であった。

　主節前置型「からだ」は主節前置型にくらべ、あらかじめ文章の展開を考えなければ産出できない形式である。母語話者の場合、主節前置型「からだ」は、例 21 のように、意見を述べた後に、根拠の要点だけを簡潔に述べるものが多く、作文の主張の展開を導入する定形表現となっているようすが感じられる。

(21)　（母語話者の作文にみられる主節前置型「からだ」「から」）
　　　喫煙を規制することについて私は賛成の立場をとります。なぜならば吸いたくない周りの人にも影響を与えるからです。私は大学に入り、人の多い所へ出るようになってから喫煙者がいかに多いかというのを感じました。（以下略）

　学習者の場合は、要点を簡潔にまとめるという意識が相対的に薄いようで、学習者は「から」節の中で論を展開する傾向がみられる。たとえば、例 22 のように、より多くの述語成分で、状況を詳細に提示する場合に、主節

前置型「からだ」が使用されている。以下の＊は漢字が誤っているが原文のママであることを表わす。

(22) 　たばこを吸いたらやせるとかセトレッスが解＊消するとか怒りがなくなると言われますがその話がうそだと思います。私にとってはたばこはいいえいきょうをぜんぜん与えないと思います。なぜならば、たばこを吸いたらかおにふきでものが出たりせきが出たりしてお金もかかるのでいいえいきょうがない<u>から</u>です。

4.5.3 「から」の中間言語的特徴の分析
4.5.3.1 形式的な中間言語的特徴（接続形式）

　規範的な接続形式には、2種類あり、それぞれに中間言語的な特徴をみせる形式がある。（表4-4 参照）

表4-4 接続形式の分類（規範的なものと、中間言語的な特徴を示すもの）

	動詞・イ形容詞等が先行語	名詞・ナ形容詞等が先行語
規範	「から型」 例：寒いから	「だから型」 例：雨だから
中間言語的な特徴	「だ＋から」 例：寒い<u>だ</u>から	「だーから」 例：雨__から

　規範的な接続形式では、動詞・イ形容詞に「から」を接続する場合には「寒いから」のように「だ」をつけないで、そのまま「から」を接続する。このタイプの「から」を「から型」とする。「から」型の接続形式に「だ」をつけて接続してしまう特徴をもつ例23のような特徴を、「だ＋から」型とする。「だ＋から」型は6例見られた。特にイ形容詞が先行語である例は5例であった。

(23) 　一般的に知るように、たばこは体に悪い<u>だから</u>と思わないものでもない。

学習者によって、句読法に問題がある場合があり、接続詞「だから」のつもりであった可能性はある。木山(2002b)では、自然習得環境にいる学習者の談話データから、単文を接続詞「だから」で結ぶ構造が「だから」型の複文構造へと発達するという方向性を示唆したが、今回のデータでも単文構造を接続詞「だから」で結ぶ構造と「だ＋から」型の中間言語的特徴との関連は否定できない。

　名詞・ナ形容詞には「雨だから」のように「だ」をつけて「から」を接続する。このタイプの「から」を「だから型」とする。「雨＿から」のように名詞・ナ形容詞に「だ」をつけないで「から」を接続するものを「だ‐から」型とする。例24のような「だ‐から」型が3例みられた。

(24)　たばこも一種の嗜＊好食品からです。

　「だ‐から」は、3例とも主節前置型「からだ」の「から」で見られる。「〜だからだ」や「〜だからである」のように「から」の前と後ろに「だ」がつく形式となるのは、学習者にとって理解しづらいようである。「から」と「だ」に分割できると考えずに「からだ」でかたまり[16]と考えている可能性がある。

4.5.3.2　形式的な中間言語的特徴(丁寧体)

　「から」に接続する段階で「だ」の有無をめぐって接続形式の中間言語的特徴が多く見られたが、文章が丁寧体の場合どこを丁寧体にするかで多様な中間言語的特徴がみられる。

　たとえば「行く」という動詞と、「から」を接続し、丁寧体にする場合、日本語の規範では、図4-2のように節末あるいは文末の「から」の場合は、動詞を丁寧形にして「から」を接続する。文末「からです」の場合、「だ」を丁寧形の「です」に変えて、「行きますから」あるいは、「行くからです」となる。

```
行きます│から│行く│から│です
動詞(丁寧)  から  動詞  から  だ(丁寧)
```

図4-2 「から」節の規範的な丁寧形

　しかし、学習者の「から」の使用からは、以下のような中間言語的特徴がみつかった。
　例25の様な、「ます形＋ですから」と、2重の丁寧体の述語形式に「から」が接続している例、例26のように「ある＋ですから」と、動詞に「ですから」を接続している例である。

(25)　わたしたちにしにます。えんじょをあげられませんですから。
(26)　ここで利益と言うのは少しおかしいと思います。たばこを吸うのには
　　　悪い点の方は良点より多いあるですから。

　例25、例26は、単に丁寧体の形式の中間言語的特徴という可能性もあるが、先行文で規範的に正しく「ます」形を使用していることから、「ですから」で1つの文末表現と考える規則である可能性が示唆される。
　データから見つかった丁寧形にかかわる「から」の形式的な中間言語的特徴を、分析すると以下の図4-3のようになる。比較のために、動詞はすべて「行く」で統一した。

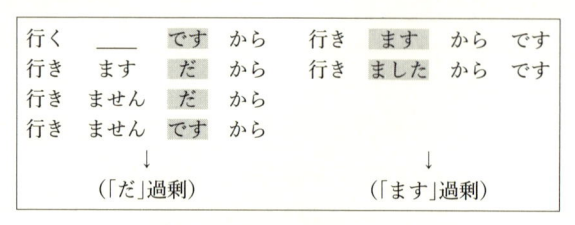

```
行く　　　です　から　　　行き　ます　　から　です
行き　ます　だ　　から　　　行き　ました　から　です
行き　ません　だ　から
行き　ません　です　から
　　　↓　　　　　　　　　　　　↓
　（「だ」過剰）　　　　　　　（「ます」過剰）
```

図4-3 「から」節の丁寧形の中間言語的特徴

　主節後置型・主節前置型の「から」では「だ」や「です」を入れてしまう点が共通しており、「だ」の過剰使用[17]という特徴を示している。このような形式を産出する学習者は、「だから」は分割不可能だと捉えている可能性

がある。つまり「だから」をかたまりで習得しているということである。その上で、丁寧体の表示の規則は、動詞を「ます」形にするか、「だから」を「ですから」にするかのどちらか、あるいは両方と考えていると思われる。

　また、「からです」の丁寧形では「ます」を入れてしまう点が共通しており、「ます」の過剰という特徴を示している。このような形式を産出する学習者は、「からです」が分割不可能だと捉えている可能性がある。つまり「からです」をかたまりで習得しているということである。その上で、丁寧体の表示は動詞を「ます」形にすると考えていると思われる。

4.5.3.3　形式的な中間言語的特徴（それ＿から）

　前後の文脈から「だから」と同じ意味で使用されている、「それ＿から」という形式が、例27のように12例みられた。前後の文脈から、継起・添加の「それから」（そして）の意味では解釈できないもので、「それだから」の「だ」が不足している中間言語的な特徴を示すものである。

(27)　それから公共の場所ではたばこを吸えないよう規則を作るべきです。

　これらの「それ＿から」の「それ」が指しているものは、直前の文の内容で、「それ＿から」を使うと、複文の内容を単文とほぼ同様の形式を用いて表現が出来る。
　つまり、中間言語における「それ＿から」は、意味が明確なうえに、接続のための操作がいらないという、学習者にとっては、汎用性の高い便利な形式であると考えられる。以上の特徴から、「それ＿から」は単文構造だけの文章から複文構造の文章も混じった文章へと発達する過程で、多くの学習者に共通して見られる特徴的な形式であると考えられる。

4.5.3.4　意味的な中間言語的特徴の分析

　「から」の使用に意味的な中間言語的な特徴が現われている文は8例あった。（表4-5参照）規範的には目的で表される意味で使用されているもの1例、条件で現される意味で使用されているもの1例、付帯状況で表わされる

意味に使用しているもの2例、逆接で表わされる意味に使用しているもの2例であった。しかし、共通する特徴は見出せない。

表 4-5　意味的な中間言語的特徴をみせる文の例

意味	例文
目的	だから私たちは公民中で生きるから必要な事のはほかの人に尊敬して下さい。
条件	もしちしきがないから　ずっとがいこくからたよっていますね。
付帯状況	でも私はの自分の意見があったから　たばこを吸いてものをとても悪いのものです。
付帯状況	父は私に「大人のことだから、子供のことではない」と言いました。
逆接	そのようにしたから、彼らはたばこの吸うことをやめてくれるとは限らない。
逆接	お酒も体にそんがいがあるからどうしてお酒を飲むのはだめと言っていませんか。

　横断的データでは、意味的中間言語的特徴の傾向が習得の過程で変化するのかどうかわからない。縦断的データによって、この傾向がどのように変化するかを確認する必要があると考える。

4.6　まとめと考察

　4章では、学習者の作文における「から」の用法の産出を母語話者と比較した。その結果、以下のことがわかった。

1. 無主節型、主節前置型の構成比率では学習者と母語話者にはほとんど差は見られず、合わせても全体の10%以下である。学習者平均では、主節後置型約70%、主節前置型「からだ」約20%、母語話者は、主節後置型約50%、主節前置型「からだ」40%である。
母語話者と比べて学習者は主節前置型「からだ」の使用が少ない。
2. 主節後置型と主節前置型に見られる中間言語的な特徴は、理由の列挙の方法に現れた。「～から～から」のような「から」の連続は学習者にしかみられない。初級段階では散漫な等位接続として、「から」を連続す

るが、接続助詞類の種類が増えるに伴って、より明確な意味をあらわせるように構造化していくものと思われる。

また、主節前置型「からだ」は、母語話者では論拠の要点を述べ、文章構成を表示しているのに対して、中間言語では「からだ」の「から」節の中に、他の節をつかって説明をまとめる傾向がみられた。

3. 学習者の「から」にみる中間言語的特徴は、意味的なものが8例、形式的なものが24例と、形式的な中間言語的特徴のほうが多かった。形式的な中間言語的特徴には、接続形式「だ－から」型、「だ＋から」型、丁寧体における「だ」「ます」の過剰、「それだから」の意味で使用される「それから」がある。

(1) 「だ－から」型は、「から」節が名詞述語の時に表われる。「から」が接続する「～は、(名詞)だから、」の「だ」を落して「から」を接続する結果として表われるもので、述語成分をふくむ節のレベルの操作をするべきところを語レベルの操作にとどまった結果といえる。発達段階が語レベルから節レベルになるとこの特徴は見られなくなると思われる。

(2) 「だ＋から」型は、節レベルの操作ではあるが、接続助詞の形式を普通体は「だから」、丁寧体は「ですから」と固まりで捉えて使用するものと推測される。

(3) 主節後置型の丁寧体では、「だ」が過剰になり、主節前置型「からだ」の丁寧体では「ます」が過剰になる傾向が見られた。主節後置型では「だから」が、主節前置型「からだ」では、「からです」がかたまりで習得されている可能性がある。

(4) 意味的中間言語的特徴は、論理の強さの違いによる付帯状況との混乱だけでなく、論理の方向性の違いを示す逆接や条件などでもみられた。しかし、それらを系統づけるような特徴は見出せなかった。

4.6.1 「から」の用法の構成比

　学習者と母語話者の用法の構成比率の比較から、主節後置型が多くの割合をしめる構成であったものが、主節前置型「からだ」も同じ程度の割合を占める構成へと推移する可能性が示唆される。用法構成比率の移行の順序とし

て考えられるのは、1つには、作文の文章表現方法の学習などによって、主節後置型から主節前置型「からだ」へと直接移行する(表4-6)ものである。もう1つは、主節後置型から主節前置型を介在して、主節前置型「からだ」へと移行するものである(表4-7)。

表 4-6　推測される移行の順序：主節後置型から直接移行

	文脈依存度高　←　　　　→　文脈依存度低	
従属	主節前置型「からだ」 20%	主節後置型 70%
等位	主節前置型 10%	

表 4-7　推測される移行の順序：主節前置型経由

	文脈依存度高　←　　　　→　文脈依存度低	
従属	主節前置型「からだ」 20%	主節後置型 70%
等位	主節前置型 10%	

　表4-6のような直接移行する拡大の方法は、従属接続の構造が文脈への依存度を高めるという方向である。表4-7のような主節前置型を経由する拡大の方法は、文脈への依存度が中程度の主節前置型を学習することで、従属接続構造として主節後置型だけでなく、主節前置型「からだ」というもう1つの用法を得たという方向である。

　今回のデータでは、主節後置型で節の接続が等位接続である例(例(10)でも、外国から多くのえんじょをうけていますから。もんだいがありません。)や、主節前置型「からだ」と主節前置型の双方の形式に類似した例(例(20)もし私のこいびとがタバコをすったいれば私はかならずそれをやめさせることにします。なぜならタバコをすう人から悪いにおいが出るから。)のような中間言語的な特徴をもつ形式の表出例が見られた。このことからも、主節後置型と主節前置型、主節前置型と主節前置型「からだ」には、拡大に連続性

がある可能性が示唆される。

4章の結果からは、「から」の用法の拡大順序は主節後置型から主節前置型を経て主節前置型「からだ」であると推測される。これは書きことばでは書きことば的モードが機能的に拡大することを意味する。

4.6.2 「から」節の広がりからみる節の構造の習得順序

主節後置型や主節前置型の理由の列挙の表現形式には、「から」の連続など1種類の接続助詞の連続による並列的な節の接続から、複数の接続助詞による従属的な節の接続まであった。主節後置型や主節前置型よりも、産出が遅れると思われる主節前置型「からだ」の「から」に重層的な広がりが見られたことから、図4-4のように複数の従属節の接続方法の発達の方向は、1種類の接続助詞の連続による等位接続から、複数の接続助詞による従属接続も含めた構造へ、というものである可能性がある。この結果は、従属接続の習得順序が後になるという点で、一般的な自然な習得順序と矛盾しない。

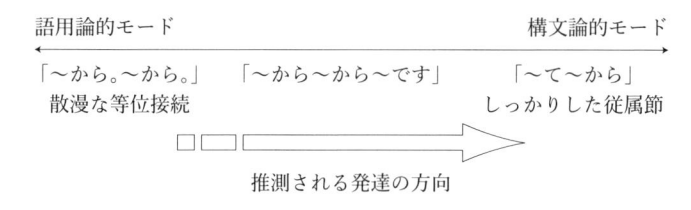

```
語用論的モード ←───────────────────────→ 構文論的モード

「〜から。〜から。」  「〜から〜から〜です」   「〜て〜から」
散漫な等位接続                          しっかりした従属節
         □ □ ══════▶
            推測される発達の方向
```

図 4-4　理由の列挙に見られる節の接続関係の習得の推測

表4-8のように、「から」がかかわる構造的領域のうち、「から」節の広がりにみる他の節の接続関係は、「等位から従属」という自然な習得順序にそった方向が予想される。（矢印①）また、「4.6.1「から」の用法が拡大する順序」で述べたように従属接続に近い構造である主節前置型「からだ」の産出は、等位接続の主節前置型の産出を経て増すことが予想される。（矢印②、③）

表 4-8　推測される用法の拡大の方向と節の接続の発達

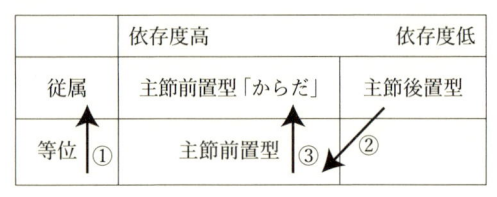

	依存度高	依存度低
従属	主節前置型「からだ」	主節後置型
等位 ①	主節前置型 ③	②

　以上のことから、教室における「から」の学習が、複文構造と「から」を強く結びつけ、学習者が「から」をその前後に理由・原因と結論・結果を伴うことが必要である形式と捉えている結果、「から」節と主節の接続関係で従属接続の産出が優勢となるが、主節前置型「からだ」の使用への拡大や他の節との接続関係などは、自然な習得順序に従い等位から従属へと進むと推測される。

4.6.3　「から」の用法が拡大する際の中間言語の規則

　学習者は、ある用法の「から」を産出するためには、他の既に産出している「から」の用法との対立[18]を、日本語のインプットから分析している[19]。その結果、中間言語の規則を作り、適用しているものと考えられる。(1.5.3参照)したがって、「から」の用法がどのようなプロセスで産出されるのかを調べるためには、学習者が作る中間言語の規則を推測することが必要となる。

4.6.3.1　主節後置型から主節前置型へ

　主節前置型を産出する場合に、主節後置型と比較して、①「から」節に主節を前置する、②「から」の後の句点を読点に変える、の2つの規則が作られなければならない。しかし、学習者の例28のような産出から考えると、①の規則が作られない学習者もいることがわかる。

(28)　でも、外国から多くのえんじょをうけていますから。もんだいがありません。

4.6.3.2　名詞述語から動詞述語へ

　また、「だ＋から」型、「だ－から」型といった接続形式にみられる中間言語的な特徴から、接続する品詞によって接続形式が異なるという規則にも、中間言語的な規則を適用していることが推測される。

　名詞述語の場合、表4-9のように「名詞だ(です)＋から、」「名詞だ(です)＋から。」と、接続詞「だから」と類似した形式群となる。このときに、単文を接続詞でつなぐ、「簡単。だから、大丈夫。」と主節後置型「簡単だから、大丈夫。」には形式的な類似性がある。

　さらに、接続詞の「だから(ですから)」は、1つの語なので、主節前置型の「名詞だ(です)＋から、」も、「名詞＋だ(です)から」と、「だ(です)から」がこれ以上分割不可能な単位であると考えて、表4-9のように中間言語の規則、「「だ＋から」と「だから」は同じである。」を作る可能性がある。その規則を動詞述語やイ形容詞述語に適用すると、「だ＋から」型となる。

表4-9　「だ＋から」型産出の規則

規範的名詞述語	「だ＋から」型産出の規則
主節後置型 簡単だから、大丈夫。	主節後置型 易しいだから、大丈夫。
主節前置型「からだ」 大丈夫。簡単だからだ。	主節前置型「からだ」 大丈夫。易しいだからだ。
主節前置型 大丈夫。簡単だから。	主節前置型 大丈夫。易しいだから。

中間言語の規則：「だ＋から」と「だから」は同じ

4.6.3.3　普通体から丁寧体へ

　主節前置型で、動詞に接続するときに、丁寧体が「(動詞)ます＋から」ではなく、「(動詞)＋ですから」となる例が見られたが、これも、普通体は「～だから」と「～からだ」、丁寧体は「～ですから」と「～からです」と、かたまりで捉えている現象である。

　中間言語的な特徴の分析で、丁寧体の場合に「ますからです」のような中間言語的特徴がみられたことから、学習者が主節前置型「からだ」を「からだ」「からです」のかたまりとして捉えている可能性が示唆される。

主節前置型「からだ」は、文の後のほうに位置する主節前置型の「から」との対立を、インプットから分析すると思われる。

　「なぜなら～からだ(です)」を定形表現と考え、「なぜなら」と「からだ(です)」のそれぞれ1つの固まりである、と捉えた場合、「「から」や「からだ」はかたまりである。」あるいは、「「から」と「からだ」は同じである。」という規則を作るのではないだろうか。

　この規則は、普通体の時には、表4-10のように中間言語的特徴を生まない。しかし、丁寧体を作る場合に、主節前置型と同じようにして、接続するべき動詞を丁寧体にして、「から」を接続すると、主節前置型「からだ」では、表4-10のような「動詞＋ます＋からだ」となり、明らかに規範と異なる使用となる。

表4-10　中間言語の丁寧体の例

規範的普通体	中間言語の丁寧体の例
主節後置型 行くから大丈夫。	主節後置型 行くから大丈夫です。
主節前置型「からだ」 大丈夫。行くからだ。	主節前置型「からだ」 大丈夫。行きますからだ。
主節前置型 大丈夫。行くから。	主節前置型 大丈夫です。行きますから。

中間言語の規則：「から」は「からだ」と同じ。「から」「からだ」はかたまりである。

　「特定のプロトタイプ的な語や構造が、初期の学習者言語において前兆となる機能をもち、のちの習得過程において連続的に習得される同属の語や構造と競合して文法化される。(筆者訳)」(Skiba & Dittmar 1992)といわれる。「～だ(です)から」も、ひとまとまりの理由を表わすプロトティピカルな述語的表現として捉えられている可能性がある。

4.6.4　まとめ

　以上のべたことをまとめて、研究課題に答える。

4.6.4.1 「から」の用法が拡大する順序

「から」の用法構成は、主節後置型から、主節前置型「からだ」への比率の移行という推移を示す。その際に、主節後置型から、主節前置型、主節前置型「からだ」という順序で使用範囲が拡大していくことが推測される。

母語話者も学習者も構造的には統語的モードの従属節の用法が大部分を占めていたが、母語話者が主節後置型と主節前置型「からだ」を同程度使用し、機能的に多様化していたが、学習者は拡大が進んでいなかった。

4.6.4.2 「から」節の広がりからみる節の構造の習得順序

理由の列挙の表現では、主節前置型「から」の連続という表現形式から、従属節をもつ主節後置型「から」による表現形式へと、発達する方向性がみられた。

「から」節と他の節の接続関係も、等位接続から、従属接続という順序があると考える。

4.6.4.3 「から」の用法が拡大する際の中間言語の規則

以下のような中間言語の規則が作られることが推測された。

1. 主節後置型から主節前置型へ：
   規範的な規則は、「①「から」節を主節に後置する、②「から」の後の句点を読点に換える。」であるが、「勉強したから。合格した。」のような産出になる例がみられたことから、①が無い中間言語的な規則を作る場合がある。
2. 名詞述語から動詞述語へ：
   規範的な規則は、「名詞述語には「だ」をつけて「から」を接続する。」であるが、「易しいだから、大丈夫」のような産出になる例があったことから、「名詞述語には」という限定をとった中間言語的な規則を作る場合がある。
3. 普通体から丁寧形へ：
   規範的な規則は、「主節後置型や主節前置型では、『動詞ます形』に「か

ら」を接続する。」「主節前置型「からだ」では動詞辞書形に「から」を接続し、「だ」を「です」に替える」であるが、「大丈夫。行きますからだ。」のような産出例があったことから、「「から」「からだ」はかたまりである」「「から」「からだ」は同じである」「動詞はます形にする」などの中間言語的な規則が作られている可能性がある。

5章では、縦断的データを用いて、上述の結果を確認する。

注

16 formulaic language とよばれる。ここでは、これ以上は分割不可能なひとつの単位として考えられていることを表わす。
17 学習者がある文法規則や言語項目を規範的な使用を超えて適用して使用すること。
18 言語において対をなす要素間の関係。野田他(2001)では、習得が難しい文法項目は、2つかそれ以上の形の対立を持っているとして、対立を習得することは、意味の違いを習得するだけでなく、それぞれの形が使われる条件の違いを習得することであるとしている。(pp.103-104)
19 学習者が目標言語の文法を習得する過程はSlobin(1971)によって意味論的首尾一貫性と表面的構造に関する操作原理として記述されている。

  意味論的首尾一貫性
  A 単語の形式の中に規則的な修飾をさがせ
  B 意味論的な区別の基調を明示的に示す文法的なマーカーをさがせ
  C 例外を除け
  表層構造
  D 単語の最後に注意を払え
  E 単語、接辞の順序に注意を払え
  F 言語学的なユニットの再構成や中断を避けよ

第5章
書きことばの縦断分析

　4章では、学習者と母語話者が書いた作文の横断的なデータを使い、そこで産出された「から」を分析し、中間言語の書きことばにおける「から」の用法がどのように拡大されるかについて、以下の仮説のもとになる推測をした。

1. 「から」の用法構成は、主節後置型から、主節前置型「からだ」への比率の移行という推移を示す。その際に、主節後置型から、主節前置型、主節前置型「からだ」という順序で比率が移行する可能性がある。
2. 理由の列挙の表現では、主節前置型の連続という表現形式から、従属節をもつ主節後置型による表現形式へと発達する方向が推測される。
3. 学習者は「〜からだ(です)」「〜だ(です)から」は、かたまりであると考える中間言語の規則を作る。

　5章では、初級段階の作文の授業で書かれた縦断的データを使い、中国語母語話者の学習者5名が産出した「から」の用法構成の変化や、節の接続関係および中間言語的特徴から、書きことばにおける「から」の用法が拡大する順序や、その際に学習者がつくる中間言語の規則についての仮説を構築する。

5.1 書きことばの縦断分析の目的

学習者と母語話者が同じ題で書いた作文に使用された「から」の用法を分析し、横断的に比較した結果、学習者は母語話者ほど、主節前置型「からだ」の産出が多くなかった。母語話者の産出した主節前置型「からだ」は、作文における定型的な文章表現法の1つとして使用されているようである。

日本語教育における作文の教科書でも、論拠を述べる表現形式として主節前置型「からだ」を提示するものは多い[20]。教室習得環境にある学習者は、主節前置型「からだ」を作文の授業で学習する機会が多いと思われる。

では、作文の授業で、「からだ」を用いた論拠の述べ方を学習すれば、主節前置型「からだ」が産出され、書きことばにおける「から」の用法は拡大するのであろうか。そこで5章では、初級段階にある学習者が作文の授業で書いた作文をとりあげ、その中で使用された「から」を縦断的に分析し、作文の授業での主節前置型「からだ」の提示によって、「から」の用法構成がどのように変化するかを検討する。

また、「から」の用法が拡大する順序、節の広がりから見る節の構造の習得との関連性、中間言語的な特徴から、学習者が作っている中間言語の規則を考察し、構造―機能表を用いて書きことばにおける「から」の用法が拡大していく過程について仮説をたてる。

5章では以下の点を確認することを研究課題とする。

1. 「から」の用法の構成比の変化
2. 「から」節の広がりからみる節の構造の習得順序
3. 「から」の用法が拡大する際の中間言語の規則

5.2 データ

日本の大学の予備教育における初級クラスに在籍し、1年間同じ授業を受けた中国語母語の学習者5名、以下、L1～L5とする)が、授業・試験で書いた作文(400字程度)を用いる。各学習者のプロフィールは表5-1のとおり

である。来日は、全員が4月の授業開始直前の3月下旬で、今回が初めての来日である。出身国での日本語学習歴は自己申告によると75〜100時間以内であるが、学期の最初の学習はひらがなの導入であり、日本における学習はほぼ0からのスタートとなった。

表5-1 学習者のプロフィール

	L1	L2	L3	L4	L5
年齢	26	27	31	19	20
性別	女	男	男	女	女
母語	中国	中国	中国	中国	中国
自己申告の学習時間〈時間〉	75	75	100	80	100

調査対象者が少なく得られたデータ数が少ないので、定量的な分析を行う場合、1時期あたりのデータ数を増やす目的で、前期、中期、後期の3期で比較する。表5-2に作文の提出時期、提出状況、学習した接続助詞、作文例に含まれた「から」の用法を示す。全部で16回のうち、学習者それぞれの提出回数は、L1が16回、L2が14回、L3が13回、L4が14回、L5が11回である。

表 5-2　作文の産出時期・提出状況・学習した「から」の用法

時期	日付	作文提出状況 ○=提出、×=不提出					作文例に含まれた「から」
		L1	L2	L3	L4	L5	
前期	6月4日	○	○	○	○	○	から
	6月11日	○	○	×	○	○	
	7月2日	○	○	○	×	×	
	7月9日	○	○	○	○	○	
	7月16日	○	○	○	○	○	
中期	9月17日	○	×	○	×	○	
	10月1日	○	○	○	○	×	
	10月8日	○	×	×	○	○	
	10月15日	○	○	○	○	×	からです
	10月22日	○	○	×	○	○	からです
	10月29日	○	○	○	○	○	からです
後期	11月5日	○	○	○	○	○	からです
	11月19日	○	○	○	○	○	
	11月26日	○	○	○	○	○	
	12月17日	○	○	○	×	×	
	1月15日	○	○	○	○	○	

　5月までは、文法の授業で学習した文型を使った短い文の作文を行った。6月からは、『みんなの日本語初級　やさしい作文』(スリーエーネットワーク)を教科書として使用している。6月に書かれた2編(意見文0回：物語文2回)と、7月に書かれた3編(意見文0回：物語文3回)の作文を前期、9月に書かれた作文1編(物語文1回)と、10月に書かれた作文(意見文5回：物語文0回)を中期、11月に書かれた作文3編(意見文3回：物語文0回)と、12月以降に書かれた作文2編(意見文1回：物語文1回)を後期とする。
　10月の作文の授業は、日本留学試験の記述問題対策を集中的に行っている。
　日本留学試験の記述問題は、具体的には、「お金の使い方として、将来の

ためにお金を貯めるのと、若いうちからお金を使うのとどちらがいいと思うか。」のような2つの選択肢の1つを選択させる問題に対して、自分がなぜその選択肢の方がよりよいと思うか、を述べる意見文(400字)を20分という制限時間内に書かせるものである。配点は6点で、その内訳[21]は論理的能力3点、文法的能力3点となっている。

使用した教科書は、『記述問題テーマ100―日本留学試験対策』である。作文例を用いて、文章の構成や表現を学習した後、別の題で作文を書いている。

実際の作文例は付録1に、各学習者の作文を前期、中期、後期の順にまとめて、L1(表1～表3)、L2(表4～表6)、L3(表7～表9)、L4(表10～表12)、L5(表13～表15)の順に示した。

5.3 対象とする形式

今回のデータは作文であるので、3章の表3-5から共話タイプを除いた下の表5-3に表された用法を、書きことばの「から」の用法として分析の対象とする。

表5-3 書きことばの「から」の用法

横：文脈への依存度 縦：節の接続	高い ←		→ 低い
従属関係		主節前置型「からだ」 「合格した。勉強したからだ。」	主節後置型 「勉強したから、合格した。」
等位関係		主節前置型 「合格した。勉強したから。」	
接続関係無し	無主節型 「勉強したから。」		

5.4 分析方法

5.4.1 「から」の用法の構成比率の変化

各作文で産出された「から」を用法で分類し、用法別の 400 字の作文 1 つ当たりに換算した平均使用数をだした。

「400 字の作文 1 つ当たりに換算した平均使用数」というのは、まず、作文の文字数による影響を除くために、作文の文字数 400 字あたりの使用数を換算し、さらに、提出した作文数による影響を除くために、その期に提出された作文の中で、一作文あたりの平均使用数を出したものである。

それぞれの学習者が前期・中期・後期とどのように変化しているか、数量および構成比率による比較を行う。産出数が少ないので、定量的な検定は行わない。

5.4.2 節の接続関係の特徴の分析

前期と後期の産出を対象に、「から」節の広がりに焦点をおいて分析する。中期を対象からはずすのは、授業で主節前置型「からだ」が多く提示されていたので、「から」の産出に影響があったと考えられること、また、半年程度の間隔をおいたほうが、変化が明確になると思われるためである。

学習者が日本語習得初期段階にあり、広がりのある「から」節の産出量は少ないので、定量的な検定は行わないが、最初期の産出が見られることが期待される。

5.4.3 中間言語的特徴の記述

産出された「から」のうち、日本語の規範と異なる使用をとりだし、意味的な中間言語的特徴と、形式的な中間言語的特徴にわけて定性的に分析する。4 章で推測した中間言語の規則が、縦断的データでもみられるかを確認する。意味的な中間言語的特徴に縦断的な系統性が見出せるかどうかにも注目する。

5.4.4 「から」の用法の拡大にともなう文章構成の変化の分析

「から」の用法を拡大すると、作文の文章構成にはどのような変化が現れるのだろうか。「から」の用法が拡大し、主節後置型、主節前置型、主節前置型「からだ」の「から」の用法のすべて産出している学習者と、そうではない学習者の作文を比較し、主張と論拠のつながり方に焦点をあてて、文章構成の違いを分析する。

その際に、文と文の接続をおこなう接続表現で、「から」と同様に因果関係の意味をもつ接続詞「だから」の使用にも注目する。

5.5 結果

5.5.1 「から」の用法構成比率の変化

作文で産出された「から」を用法ごとに分類し、作文文字数 400 字あたりに換算し、学習者ごとに前期・中期・後期の各期で平均した結果を、表 5-4 に表わす。表では縦に、各学習者とデータ収集時期、横に「から」の用法を配置している。

表 5-4　各学習者のデータ収集時期ごとの「から」の用法別の平均使用数（400 字換算）

学習者	時期	主節後置型	主節前置型「からだ」	主節前置型
L1	前期	0.80	0.00	0.00
L1	中期	0.70	0.51	0.22
L1	後期	0.46	0.34	0.34
L2	前期	1.40	0.00	0.00
L2	中期	0.71	0.43	0.00
L2	後期	2.11	0.39	0.00
L3	前期	0.51	0.00	0.00
L3	中期	1.04	0.00	0.00
L3	後期	1.38	0.00	0.00
L4	前期	0.49	0.00	0.00
L4	中期	0.64	0.00	0.00
L4	後期	1.54	0.40	0.00
L5	前期	2.96	0.00	0.00
L5	中期	0.78	0.78	0.00
L5	後期	2.48	0.58	0.34

　表 5-4 を図 5-1 にグラフ化した。横軸が学習者とデータ収集時期をあらわし、縦軸に作文の文字数 400 字当たりに換算した「から」の平均使用数を示した。

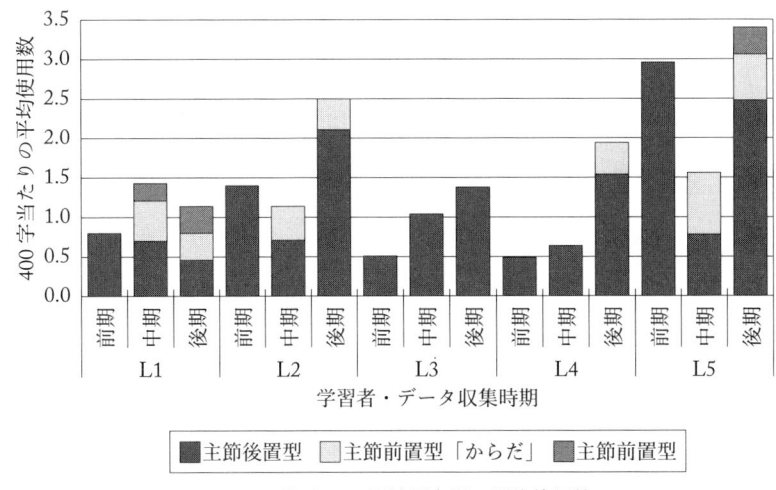

図 5-1 「から」の用法別各期の平均使用数

「から」の用法の構成比率の変化を学習者ごとに表わしたものが下図 5-2 である。

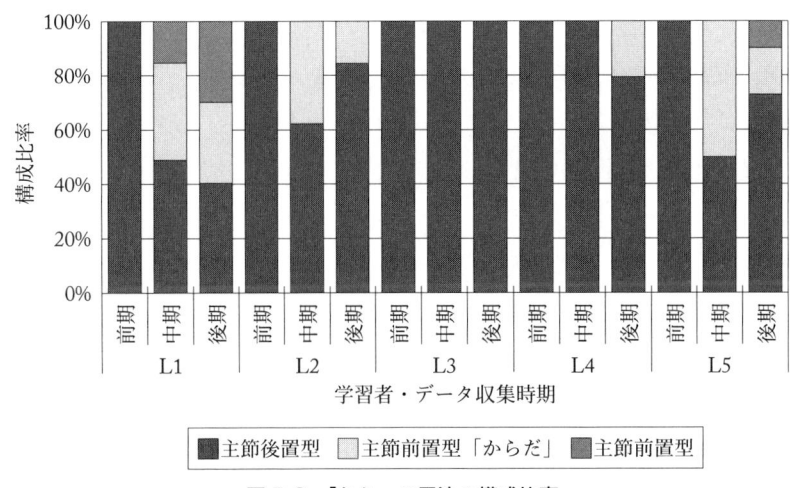

図 5-2 「から」の用法の構成比率

前期には、全学習者の産出した「から」は、すべて主節後置型であった。中期以降、用法の構成比率の変化が、大きくわけると 3 種類見られる。

まず、L1は、中期で3種類の「から」の用法がすべて産出された。後期には、主節前置型「からだ」と文末に位置する主節前置型の比率が主節後置型に比べて相対的に高まっており、主節後置型から、主節前置型「からだ」への比率の移行が起きている。このことから、L1は、「から」の用法の拡大がある程度達成されていると考える。

　つぎに、L2、L4、L5は、主節後置型の次に、主節前置型「からだ」を産出したが、3種類が同時期に産出されることはなかった。この3名は中期から後期にかけて、「から」の産出量が増えている。後期になると、L2、L4、L5のうち、L2は、主節前置型「からだ」の構成比率が減り、L5は主節前置型「からだ」の産出がなくなり、主節前置型が産出される。この3名は、使用される用法の種類が増えておらず、主節後置型から主節前置型「からだ」へ比率の移行もみられないので、「から」の用法の拡大は、達成されていないと考える。

　最後に、L3は、主節後置型の産出のみで、中期、後期にも変化がなかった。

　今回のデータでは、「から」の用法構成に変化があった学習者4名は全員、「から」の用法の産出順序が、主節後置型、主節前置型「からだ」の順であった。しかし、中期には、「からだ」を使用した作文例を提示しているので、その影響があり、この結果を一般化して考えることはできない。

5.5.2　節の接続関係の特徴の分析

　節の広がりについては、1.6.2で定義したとおりである。

　今回のデータで、前期の「から」の総産出数は14例で、すべて主節後置型である。

　この中に、広がりのある「から」は1例もない。前期は、初級の学習項目の導入が完了していない段階である。複数の従属節を持つ複文の産出は、この段階では、かなり難しいことがわかる。

　後期の「から」の総産出数は29例で、主節前置型2例、主節前置型「からだ」4例、主節後置型23例である。全体の中で、広がりのある「から」は、主節後置型で横への広がりのある1例（例29）のみであった。重層的な広がりのある「から」はみられない。

(29) 日本の車はあまり少ないしガソリンの廃気も余りすいないです<u>から</u>、空気はきれいだです。

　主節前置型、主節前置型「からだ」などの文末に位置する「から」には、広がりはみられない。しかし、主節前置型「から」は、2例とも、先行する主節部分が、従属節や引用節など重層的な広がりを見せる。

(30) チャンスがあったら、またあそこへ行きたいと思います。新鮮な魚は食べたいです<u>から</u>。
(31) 市役所の人は親切ですかとうか、とても大切と思います。国の形象です<u>から</u>。

　例30、31は、1つの従属節を持つ複文と、主節前置型の「から」を組み合わせることで、実質的には複数の従属節を持つ複文と同じ内容を表わしている。主節前置型の使用が、複数の従属節を持つ複文を産出する前のステップとなっているものと考える。
　「から」の用法構成の変化が主節前置型を経ておきるように、従属節の広がりも、主節前置型の「から」が、契機となる可能性がある。

5.5.3　「から」の中間言語的特徴の分析
5.5.3.1　形式的な中間言語的特徴
　形式に関する中間言語的特徴は、4章と同じ種類の中間言語的特徴が、前期から後期まで断続的に見られる。
　「それ＿から」は、例32のように理由を表わす文を独立した先行文として、その先行文を指示する「それ」に、「から」を直接つないだものである。

(32) おとこの人は社会の中に主なことをすると思いますから自分の形象はとても重要だと思います。<u>それから</u>若いおとこの人たちは色々へんなかみのがたをやめた方がいいと思います

「だーから」の例は、主節前置型「からだ」で1例(例33)あった。名詞述語の主節前置型「からだ」の接続形式は、日本語の規範では、「名詞＋だ＋から＋だ」のように、「から」の前後に2回「だ」が入る。その前の方の「だ」を1回省略するタイプの「だーから」は、4章のデータで見られたものと同じである。

(33) なぜならどんなに進化した社会でも、人の社会だから、先生の授業は学生の学習することが<u>必要から</u>です

丁寧形の中間言語的特徴は、4章でみたように、「ますですから」と従属節の節末で過剰になっているものが、1例(例34)あった。この例でも「動詞ます形＋ですから」と、「ですから」が固まりで捉えられている可能性が示される。

(34) 台湾の店は24時間営業のはたくさんあり<u>ますですから</u>、とても便利です

「だ」の省略という意味では、「なぜなら～からです」のように文頭によって文末に表現形式の制限が生まれる形式で「です」が脱落する例が1例(例35)だけあったが、規範的にもこのようなことは起こりうるもので、中間言語的特徴とまではいえない。

(35) なぜなら人間の一生はとても短いだけど自分の一生は早く終わった<u>から</u>。

5.5.3.2　意味的な中間言語的特徴の分析

「から」の形式が表している意味が、規範的には別の接続助詞で表わすべきものである場合と、それと反対に、「から」の形式で表わすべき意味をほかの接続助詞によって表わしているものを、意味的な中間言語的特徴とする。

表現形式と表現意図の規範的形式の組み合わせの種類ごとに、その中間言

語的特徴が最初に産出された時期が早い順に、並べると以下の表 5-5 のようになる。左から、意味的な中間言語的特徴の種類、最初にその中間言語的特徴が見られた時期、例文を出している。

表 5-5 「から」にかかわる意味的な中間言語的特徴の種類とその出現時期

中間言語的特徴	最初に見られた時期	例文
格助詞→確定	前期	私は東京住でから、まず東京ちかくところはい行きます
「から」→結果	前期	また有名できれいなレストランへ食事に行きたいですからそのときもちろうとてもロマンチックです
て→確定	中期	あの車が6、7人でも座れて、たくさんものも入れるで、もう人間はあの車で運ぶ時、もちろん気持ちが良いだろうと思うからです
「から」→て	中期	その日が七月七日ですから恋人日といいます
並列→確定	中期	しかし情報社会で勉強すればまじめじゃない人もいるし、頼むの日ともいるし、たぶん大切な知識がもらえない
「から」→前置き	後期	上野は初めて行くのですから、彼は 5 回以上へ行った
「から」→仮定	後期	毎日書くの習慣になりましたから、ぜひ上手になれます

「意味的な中間言語的特徴の種類」の表し方で、→の左が産出された形式、→の右側が表現意図を表し、「から→結果」のような表記になっているものは、「結果」の意味を表わすのに、「から」を使っているということである。また、「確定」は「確定条件」の意味で、確定条件を表わす「から」または「ので」の形式で表わすべき意味であることを示す。

前期でみられたものは、格助詞の「てから」で理由を表わすものと、理由と結果を反対にするものである。どちらも、「から」を用いた 1 従属節の複文の産出に習熟していないことを示している。中期は、理由の列挙に「て」形、「並列」の形式を連続して使う中間言語的特徴が見られた。4 章でみたように、これらは、2 従属節の複文の産出に習熟していないためではないかと思われる。このように、前期と中期は、意味領域の混乱というより、節の

接続の混乱が原因になっている。

　後期には、「から」を前置きに使用する例が見られた。これは「が」とも取り替え可能な例である。「から」が持つ理由という意味が非常に薄くなっており、話しことばでは見られる使い方を、書きことばに適用したものである可能性がある[22]。

5.5.4　「から」の用法の拡大にともなう文章構成の変化の分析

　学習者 L1 の後期は、主節後置型、主節前置型、主節前置型「からだ」のすべての用法の「から」が産出されて、「から」の用法がすべて産出された段階である。この段階で、「から」の使用数は減少している。「から」の用法が拡大することで、複数の用法を産出し、表現の幅が広がると予想した。表現の幅が広がっていると思われるのに、使用数が減っているのは、なぜだろうか。

　「から」の用法構成が拡大し、主節後置型・主節前置型・主節前置型「からだ」のすべてを産出している学習者 L1 と、中期に主節前置型「からだ」の使用がみられたものの、後期には主節前置型「からだ」の使用が見られなかった学習者 L5 の最後の作文の文章構成を、主張と論拠のつながりに焦点を当てて分析する。

　下に L1 の作文(36)と L5 の作文(37)を示す。丸数字と下線は分析のために挿入したもので実際の作文には表記されていない。丸数字は作文中の文番号を示している。

　これらの作文は、年度末の定期試験でかかれたものである。問題の指示は、「作文が苦手なソン君の手紙を読んで、自分の経験からアドバイスしてください。」である。学習者は、作文が嫌いで苦手なソン君が書いた「どうしたら作文が上手になれるのか。」を尋ねる趣旨の手紙に返事を書く設定で、作文を書いた。答案には 400 字の原稿用紙が印刷されているが、特に字数制限はない。また、試験の前に、問題についての情報提供はされていない。手紙を書く練習や、類似の作文の練習などはまったく行われていない。

(36)　L1

① この文章を読んだら、私もソン君と同じ気持ちを持っていますが、今よく考えていい意見を上げると思います。
② 先、作文は嫌いという気持ちをすぐ変わらなければなりません。
③ できるだけそんな方面の本をよく読んでください。
④ 第二、本を読みながらよく覚えて、記録した方がいいと思います。
⑤ そんなことをしたら、よく覚えられます。
⑥ 第三、時間があれば新聞をよく読んでその中の文法や話し方などを覚えた方がいいです。
⑦ 文句の作り方は一番たいせつなことです。
⑧ 第四できるだけ、毎日日本語で日記を書きます。
⑨ あるいは何か面白いことがあると考えたらすぐ自分の感想を書きましょう。
⑩ <u>ですから</u>　そんなように　毎日毎日　続けていくと作文に嫌いという気持ちはだんだんなくなれます。
⑪ それに習慣にもなれると思います。
⑫ そんな気持ちで書いた作文はぜったい自然だし読みやすいです。
⑬ <u>ですから</u>がんばってください。

　L1のこの作文では、「ですから」が⑩と⑬で2回使用された。
　⑩の「ですから」は、「そんなように」や「毎日毎日」という語から、⑩の文より前の文脈をまとめているもので、「から」で言い換えられるような直前の文とだけの接続をするものではない。⑬も、文章の最後の文で、「がんばってください。」と締めくくっていることから、⑫の文とだけの接続をしていると考えるよりも、全体をまとめる言葉として使っていると考えられる。
　「だから」は、接続する前件と後件の因果関係を積極的に示す。言い換えると、前件を理由として、後件を導き出す表現である。L1のこの作文の文章構成は、主張「Aがいい。」→論拠「AたらB」→まとめ「だからA」である。論拠をまとめて主張へと接続する「だから」によって論理の流れが明瞭になっている。そのような大きな文章構成のなかで、1つ1つの論拠は、

「から」ではなく「たら」や「と」で接続されている。
　一方、L5 は、同じ題の作文で、「から」を2回使用している。

(37)　L5
①　お元気ですか。
②　今作文のことをこまっているとききました。
③　以前作文について私も同じの気持ちになってしまいました
④　<u>しかし</u>レポートや論文などかかなければなりません
⑤　上手になるために私は毎日自分のそばで発生の事情と感想をノートでかきます
⑥　<u>あと</u>自分の気持ちやしたいことなどでもいいです。
⑦　作文がにがてですから、はじめは短くでもいいです。
⑧　毎日書く習慣になりました<u>から</u>、ぜひ上手になれます
⑨　もしよければやってみます。
⑩　<u>あとは</u>新聞をよく読んだほうがいいと思います。
⑪　以上は私の経験です
⑫　もし上手になったら私に言ってください
⑬　お楽しみにまっています

　例36のL1の文章と比べると、論理の流れが明瞭ではない。⑤の「上手になるために私は毎日自分のそばで発生の事情と感想をノートでかきます」がおもな主張であると思われるが、文末表現が「書いたほうがいいと思う」などの主張を示す表現ではない。さらに、⑥～⑨は、⑤の主張を支持する論拠であると思われるが、⑤との関連が言語的には表示されていない。⑦、⑧では「から」が使用されているが、どちらも論拠となる事態の中での2つの事柄を接続しており、「から」によって主張とのつながりが表されているのではない。
　文章レベルの接続表現は、添加を表わす「あと」「あとは」、逆接を表わす「しかし」が使用されている。「だから」にくらべると、「あと」は論理の流れを示すものではないので、文章の論理構成はL1と比べると明瞭ではない。

表 5-6 は、各学習者の、作文で使用された「から」と、理由を表わす接続詞の数を、前期・中期・後期ごとに、集計したものである。理由を表わす接続詞は「だから」「ですから」のほか、「それで」があった。

作文のような長いテキストの論理関係をまとめるには、接続詞や指示詞などの表現が用いられることが多い。構成するテキストの大きさにより、適切な接続表現には違いがある。

L1 の場合、日本語の習得に伴って、文章表現法も上達し、より大きなテキストにふさわしい接続詞による接続が増えていることが下表 5-6 からわかる。

表 5-6 「から」と理由を表わす接続詞の使用数

		前期	中期	後期
L1	から	3	6	4
	接続詞	0	2	5
L2	から	4	3	7
	接続詞	2	1	4
L3	から	1	3	5
	接続詞	1	2	2
L4	から	1	2	5
	接続詞	0	1	1
L5	から	5	4	7
	接続詞	0	1	2

中間言語における接続詞「だから」と、「から」の間に関連性があるかどうかは、まだ、検証されていない。

木山(2002b)では、自然習得環境にある学習者の談話データを分析し、自然習得環境にある学習者では単文を「だから」で接続する構造から「から」を使用した複文構造へと発達する可能性があることを見出している。さらに、木山(2003a)では、教室習得環境にある学習者の談話データを分析し、教室習得環境にある学習者では、反対に、「から」を使用した複文構

造から、「から」の文末使用を経て、接続詞「だから」による接続へと発達することを示唆している。また通時的言語変化の先行研究(Iguchi1998、Onodera1993、Matsumoto1988 など)によると、「だから」は「から」が用法変化して成立したとされる。中間言語における「から」の用法の拡大と、接続詞「だから」の使用には、何らかの関連があるのかもしれないが、今後の課題としたい。

5.6 まとめと考察

5章では、5名の初級学習者が書いた作文で産出された「から」の用法の変化を縦断的に分析し、以下の傾向がみられた。

1. 学習者5名全員が主節後置型「から」を最初に産出している。学習者5名中1名は中期から「から」の用法が3種類とも産出された。この学習者は、「から」の使用量が減り、主節前置型や、主節前置型「からだ」の比率が高まっており、「から」の用法構成が拡大している。また、接続詞「だから」の使用が増えて、文章構成が明確な作文を作る方向へ発達していた。
2. 残りの4名の学習者は、「から」の平均使用量が増加している。そのうち1名は最後まで主節後置型の産出しかみられなかった。3名のうち2名は、授業での主節前置型「からだ」の提示の後、主節前置型「からだ」は産出されたが、主節前置型は産出されなかった。その後、主節後置型から主節前置型「からだ」への比率の移行はみられず、「から」の用法の拡大はすすまない。
3. サンプル数が少ないので、一般化することはできないが、今回のデータでは「から」節の広がりは、重層的なものよりも、横への広がりのあるものが先に見られた。主節前置型「から」は、先行する主節部分にあたる文が複文になり、主節前置型「から」の文と、組み合わせて、複数の従属節を持つ複文と同じ内容を表わすことができるようになっていた。
4. 形式的な中間言語的な特徴は4章と同様で、「からだ(です)」「だ(です)

から」がかたまりとして捉えられている可能性がある。また、「からだ」の前が名詞述語の時や、「なぜなら」で始まった文の文末の「からだ」などでは、「だ」が脱落する例が見られる。
5. 前期の意味的な中間言語的な特徴は 1 従属節の複文の産出に熟達していないことを、中期は 2 従属節の複文の産出に熟達していないことを、表している。後期は書きことばに、話しことばを使っている、などの例がみられる。

　次に、最初にたてた研究課題に答える形で、5 章の結果から中間言語の書きことばの「から」の用法が拡大される過程についての仮説とする。

5.6.1 「から」の用法が拡大する順序

　4 章では、学習者と母語話者の「から」の用法構成を比較して、中間言語における「から」の用法構成の変化は、構成比率が主節後置型から主節前置型「からだ」へと移行する方向を示すだろう、と推測した。さらに、中間言語的な特徴の分析などを行った結果、その移行には、①主節後置型から主節前置型「からだ」への直接の移行と、②主節前置型を経る移行の 2 つのルートが考えられた。

　5 章で使用したデータでは、中期に主節前置型「からだ」を集中的に学習している。もし、①の主節後置型から、主節前置型「からだ」への直接の移行というルートで中間言語の「から」の用法が拡大するのであれば、主節前置型「からだ」の学習によって、「から」の用法の拡大が見られたはずである。

　学習者 L1 は図 5-3 のように中期に、主節後置型、主節前置型、主節前置型「からだ」の 3 種類の用法が産出されている。後期には、主節前置型、主節前置型「からだ」の比率が高まる。前期は、100%が主節後置型であったので、「から」の用法構成は、「主節後置型だけ」から 3 種類の用法へと、使用範囲が拡大する方向に比率が移行している。

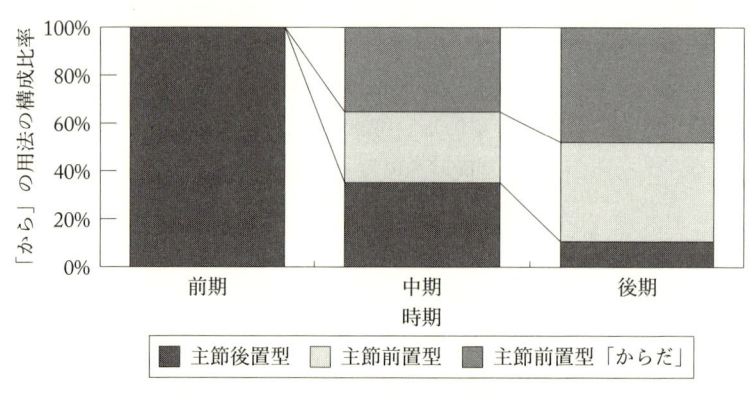

図 5-3　L1 の「から」の用法の構成比率の変化

　しかしながら、L2 を同様に分析すると、図 5-4 のように中期は主節前置型の産出がなく、後期には、主節後置型の比率が再び高まる。L2 も、前期は 100% が主節後置型だったので、中期に主節前置型「からだ」へと拡大を見せたのだが、後期には、「から」の用法構成の比率の移行を示す矢印は反対になり、主節後置型の比率が高まる方向に使用範囲が収縮している。この傾向は L4 も同じである。L1 と L2、L4 の違いは、中期に主節前置型「から」があるか、どうかである。

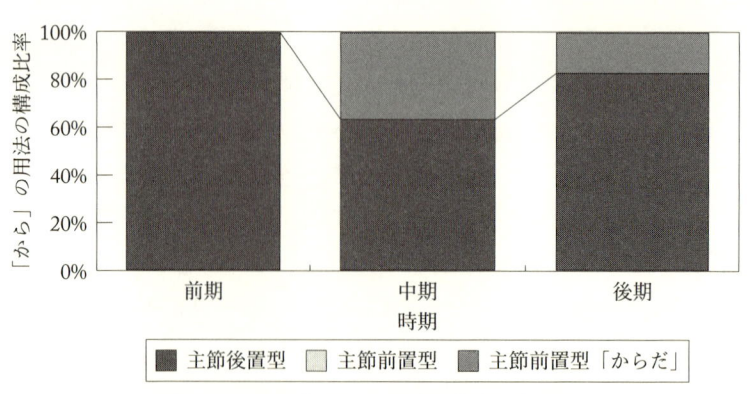

図 5-4　L2 の「から」の用法の構成比率の変化

　5 名の学習者の 9 ヶ月程度の縦断期間を分析しただけなので、一般化でき

ないが、5章で分析したデータからは、「から」の用法の拡大は、4章で立てた推測のとおり、主節前置型の産出を経て、主節前置型「からだ」が拡大される、というルートであることが示唆される。主節前置型の産出を経ずに、主節前置型「からだ」を学習しても、「から」の用法の拡大が進まない可能性がある。それは、主節前置型「から」が、節の構造化をすすめる働きを持つことを示唆している。

5.6.2　節の広がりからみる節の構造の習得順序

　5章では、複数の従属節を持つ「から」の産出数が少なかったので、一般化はできないが、4章同様、「から」節と主節の接続関係では従属接続が先行し、「から」節と他の節の接続関係では、等位関係が先行する。

　この結果を解釈するための、ひとつのヒントになるのが、「から」節の広がりの分析で見られた、主節相当部分が従属節や引用節など重層的な広がりを見せる主節前置型である。主節前置型の「から」を単数の従属節を持つ複文と組み合わせて、実質的には複数の従属節を持つ複文と同じ内容を表していた。

　このことから、下図5-5のような過程で、1従属節の複文が2従属節の複文へと発達するステップに主節前置型がなっているのではないかと考える。（例文は例4を簡単にしたものである。）

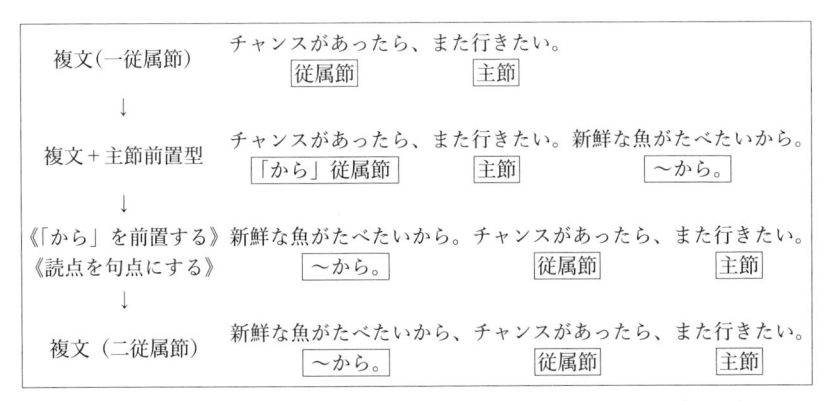

複文（一従属節）	チャンスがあったら、また行きたい。 　　　　　　　　従属節　　　　　　主節
↓	
複文＋主節前置型	チャンスがあったら、また行きたい。新鮮な魚がたべたいから。 　「から」従属節　　　　主節　　　　　　　〜から。
↓	
《「から」を前置する》 《読点を句点にする》	新鮮な魚がたべたいから。チャンスがあったら、また行きたい。 　　〜から。　　　　　　従属節　　　　　　主節
↓	
複文（二従属節）	新鮮な魚がたべたいから、チャンスがあったら、また行きたい。 　　〜から。　　　　　　従属節　　　　　　主節

図5-5　主節前置型「から」の利用による1従属節から2従属節への発達の過程の予測

このとき、主節前置型「から」は、前にも後ろにも接続端子のあるコネクターのような役割を果たしている。単文に後置して、理由を付加するだけでなく、図5-5のように、複文に後置して、2従属節の複文と同じ内容を表現することもできる。主節を省略すれば、無主節型「から」にもなる。談話では、共話型「から」として働く。このように、主節前置型「から」を産出できるようになることは、「から」の用法を拡大のための生産的なツールを得たことを意味する。

　主節前置型「からだ」の学習によって、一時的に「から」の用法が拡大しても、主節前置型「からだ」は、「から」の用法構成の拡大に貢献するような生産性が相対的に低く、使用できる状況も限定的である。そのため、主節前置型を産出していない場合、「から」の用法構成はむしろ縮小する結果となることが予想される。

　しかし、図5-5の予測が成り立つには、《「から」を前置する》と、《読点を句点にする》のような規則を学習者が作っていなければならない。4章の考察で、主節後置型から主節前置型を産出するとき、「から」節を主節に後置すると、句点を読点にするという規則が作られることを予測した。主節後置型から主節前置型への規則が作られていれば、2つの規則の類似性から、主節前置型による、2従属節への発展の規則も作られることが予想される。

　「から」の用法構成が拡大した学習者は「から」の使用数が減少しており、接続詞「だから」など、文と文の接続をする言語形式の使用による文章構成という特徴がみられた。接続詞「だから」の産出と、「から」の用法の拡大に関連性があるかどうか、また、文章構成の変化についてなどは、今回の分析の焦点ではないが今後の課題としたい。

　以上のべたことをまとめて、研究課題に答える。

5.6.3　「から」の用法が拡大する際の中間言語の規則

　学習者の産出した「から」にみられた中間言語的な特徴は、4章と5章で同じ傾向がみられた。よって、学習者がつくる中間言語の規則も同じものが推測される。

　簡単にまとめると、以下のようになる。（くわしくは、「4.6.3」参照）

5.6.3.1 主節後置型から主節前置型へ

規範的な規則は、「①「から」節を主節に後置する、②「から」の後の句点を読点に換える。」であるが、中間言語的な規則で、①がないと、「勉強したから。合格した。」のような産出になる。

5.6.3.2 名詞述語から動詞述語へ

規範的な規則は、「名詞述語には「だ」をつけて「から」を接続する。」であるが、中間言語的な規則で、「名詞述語には」という限定をとってしまうと、「易しいだから、大丈夫」のような産出になる。

5.6.3.3 普通体から丁寧体へ

規範的な規則は、「主節後置型や主節前置型では、『動詞ます形』に「から」を接続する。」「主節前置型「からだ」では動詞辞書形に「から」を接続し、「だ」を「です」に替える」であるが、中間言語的な規則で、「「から」「からだ」はかたまりである」「「から」「からだ」は同じである」「動詞はます形にする」を作ると、「大丈夫。行きますからだ。」のような産出になる。

5.6.3.4 1従属節から2従属節へ

規範的な規則は、「複文＋主節前置型で、①「から」を前置する。②読点を句点にする。」であるが、節末の接続助詞の組み合わせには別の規則がある。組み合わせに関する規則のうち、たとえば、「「から」を連続することはできない」を中間言語の規則では作らなかった場合、「食べたいから、飲みたいから、また行きたい。」のような産出になる。

5.6.4 書きことばにおける「から」の用法の拡大の仮説

作文の言語使用領域は書きことばであり、文法によってテキストが理解されると考えられる。4章では母語話者の産出した「から」の用法の構成比は、主節後置型50％と主節前置型「からだ」40％となっていた。中間言語における「から」の用法の拡大は、統語論的モードにおける拡大を目指すと推測された。

5章の調査対象学習者は、前期の産出をみると全員が主節後置型を100％使用していた。これは授業で主節後置型だけを学習している段階なので、学習した用法がそのまま産出に反映していると考えられる。中期に主節前置型「からだ」を学習し一人を除いて用法の拡大がみられたが、主節前置型を産出しないと、後期には再び主節後置型の比率が高まる結果となった。

　教授可能性仮説[23]から考えると、主節後置型を産出していても学習者は従属接続の産出をする準備がまだ整っていない段階であることを示す現象のようにもみえる。しかし、本研究では、正答率などによる習得度の分析をしていないので、可能性を述べるにとどめる。

　4章と5章の結果から、書きことばにおける「から」の用法の拡大を構造―機能表上に示すと表5-7のようになる。円で囲んだ部分は産出が見られた用法で、矢印で「から」の用法の構成比率の移行の方向、すなわち「から」の用法の拡大する方向を示した。これは、書きことば的モードの中での機能的バリエーションの多様化を意味している。

表5-7　書きことばの「から」の用法の拡大の仮説

横：文脈への依存度 縦：節の接続	高い　←　　　　　　　　　　→　低い		
従属関係		主節前置型からだ	主節後置型
等位関係		主節前置型	
接続関係無し	無主節型		

太ワク内：書きことばで主に使用される用法
←：「から」の用法の構成比率の移行

　この際に、主節前置型の産出が重要になる。主節前置型という等位接続の用法を経ることで、「から」節が主節から独立した単位として認識される効果が得られる。その結果、主節前置型「からだ」を、構造の自然な習得順序にそって産出することができるようになるほか、複文と接続して2従属節を持つ複文構造の産出へとつながっていくものと推測される。

　主節前置型は、書きことばでは倒置法といわれる修辞法である。主節後置

型や主節前置型「からだ」に比べると書きことばでは有標な用法であり、母語話者でも構成比で10%程度をしめるにすぎない。主節前置型や、主節前置型の変形である共話タイプなどの用法は、話しことばに多く含まれる。話しことばとの接触によって主節前置型の産出が促されるなら、主節前置型は、「から」の用法の構造的な多様化を進めることができる可能性があると考える。

　6章では、話しことばをデータにして、「から」の用法構成の変化を分析する。

注
20　「みんなの日本語初級やさしい作文」スリーエーネットワーク、「表現テーマ別日本語作文の方法」第三書房、「絵入り日本語作文入門　文型による短文作成からトピック別表現練習へ」専門教育出版、「日本語の表現技術―読解と作文―上級」古今書院など
21　論理的能力の採点基準は、以下のように示されている。（財団法人　日本国際教育協会　ホームページより）
　　　○主張に根拠が示されており、かつ主張と根拠との間に十分な論理的関係があり、矛盾が認められないもの(3点)
　　　○主張に根拠が示されており、概ね論理的な関係が認められるが、一部に論理的矛盾や非整合性も存在するもの(2点)
　　　○主張は示されているが、その根拠が示されていない、または根拠が示されていても、論理性、客観性を著しく欠いているもの(1点)
　　　○筆者自身の主張が示されていない、又は、何を主張したのか曖昧であるもの(0点)
22　この学習者は、ほかに「当たり前じゃん自分の情感とか家族之(の)間の感情がお金を払っても買せません」という文を産出しており、言語の使用領域による制限があまりない。
23　Pienemann(1989、1998)では①授業で言語の発達段階を変更することは不可能である。②授業効果は学習者の属する発達段階により制約を受けるが、発達段階を考慮した授業は習得を速める効果がある、などを「教授可能性仮説」として提唱している。

第6章
話しことばの横断・縦断分析

　5章では、書きことばにおける「から」の用法が拡大する過程についての仮説を構築した。

1. 教室習得環境にある学習者の書きことばでは、「から」の用法は、主節後置型→主節前置型→主節前置型「からだ」という順に拡大する。
2. 理由の列挙の表現では、主節前置型「から」の連続という表現形式から、他の従属節をもつ主節後置型「から」による表現形式へと発達する。
3. 学習者は「〜からだ(です)」「〜だ(です)から」は、かたまりであると考える中間言語の規則を作る場合がある。

　仮説から、「から」の用法の拡大には、「から」が文末になる主節前置型の習得が重要であると考えられた。母語話者の談話では主節前置型「から」は、「ちょっと待っていてくれませんか。まだ、仕事が残っていますから…。」のように、他者への働きかけをしめす場合に多く用いられる。さらに、「(どうぞ、おかまいなく。)すぐに失礼しますから。」のように、場面上明らかな場合、主節部分が省略されることがあり、その場合は、本論文では、無主節型「から」とする。
　文末に位置する主節前置型、無主節型、および、共話タイプの「から」で終わる文の意味は、その文だけでなく、さらに大きな単位のまとまり、すなわちディスコースの中で考える必要がある。したがって、主節前置型、無主

節型、および、共話タイプの「から」は、場面の理解に結びつく語用論的な情報が含まれる自然な話しことばから学習することで、習得が進むものと思われる。

6章では、来日間もない日本語学習者の大学生(18名)に、初対面の日本語母語話者と、食事会の場所決めおよび、日本の交通機関についての感想を話してもらう(第1回調査)。半年程度の日本での生活および学習期間を経た段階で、同じ学習者に、第1回と同じ相手と、合宿の場所決めと、日本の若者について話をしてもらった(第2回調査)。

一方、学習者と同じ方法で、日本語母語話者(大学生男女10名ずつ)の談話データも、収集した。

第1回目調査のデータは、学習者の日本語能力別(上位群と下位群)の比較、母語話者との比較で、横断的に分析した。第2回目調査のデータは、第1回目調査との比較で、主節前置型や無主節型の「から」の産出が増えるかどうかを分析し、滞日経験によって、「から」の用法構成がどのように発達するかを考察する。

6.1 話しことばの横断・縦断分析の目的

日本語を生活の中では使わない環境にいる学習者の場合、自然な話しことばのインプットが少ない。また、書きことばが中心となる教科書では、主節後置型を主に扱い、主節前置型、無主節型、共話タイプは、あまり扱われない。その結果、学習者は、「から」という1つの形式に複数の用法があることを理解していても、実際に使用することが難しいという言語知識と言語運用能力の乖離が生じる。

実際に日本語学校や大学などに入学するために、初めて来日したばかりの学習者は、読み書きがある程度できても、事務室で書類をもらうなどのごく簡単な用事をすませるための会話も十分にはできないことがある。しかし、このような言語運用面の能力は、来日後、生活の中で目的に応じた自然な日本語の使用に多く接触することで、短期間で向上することがある。

主節前置型、無主節型、共話タイプなどは、日本語の談話にみられる聞き

手の積極的な関わりを促すために用いられることの多い言語形式である。したがって「から」の用法の使用範囲の拡大は、日本語の談話の展開パターンを習得することと関連性があると思われる。

そこで、6章では、学習者の来日直後と半年後の談話資料を、母語話者の資料と比較し、話しことばにおける「から」の用法の使用範囲が拡大される過程を、節の接続の変化、談話構造の変化などに焦点をあてて、明らかにする。

6章では滞日経験の前後で、以下の点がどのように変わるかを明らかにすることを研究課題とする。

1. 学習者の「から」の用法構成比率
2. 「から」節の広がりの変化
3. 談話における「から」の役割の変化

6.2　分析に用いたデータ

来日間もない学習者の大学生に、初対面の母語話者と、食事会の場所決めおよび、日本の交通機関についての感想を話してもらう（第1回調査）。半年程度の日本での生活および学習期間を経た段階で、同じ学習者に、第1回と同じ相手と、合宿の場所決めと、日本の若者について話をしてもらった（第2回調査）。

```
┌─────────────────────────────┐     ┌─────────────────────────────┐
│ 第1回調査(来日直後)          │     │ 第2回調査(約半年後)          │
│ テーマ「食事会の場所を決める」│     │ テーマ「合宿の場所を決める」 │
│    「交通機関についての意見」 │     │    「日本の若者」            │
│   学習者      学習者         │     │   学習者      学習者         │
│  上位群(10名) 下位群(8名)    │     │  上位群(10名) 下位群(8名)    │
│  ☺ ☺ … ☺ ☺ …              │←同一人物→│  ☺ ☺ … ☺ ☺ …              │
│       母語話者               │     │       母語話者               │
│        対話者                │     │        対話者                │
│         ☺                   │←同一人物→│         ☺                   │
│  ☺ ☺ ☺ ☺ ☺ …              │←別の人物→│  ☺ ☺ ☺ ☺ ☺ …              │
│  母語話者  大学生(10名)      │     │  母語話者  大学生(10名)      │
└─────────────────────────────┘     └─────────────────────────────┘
```

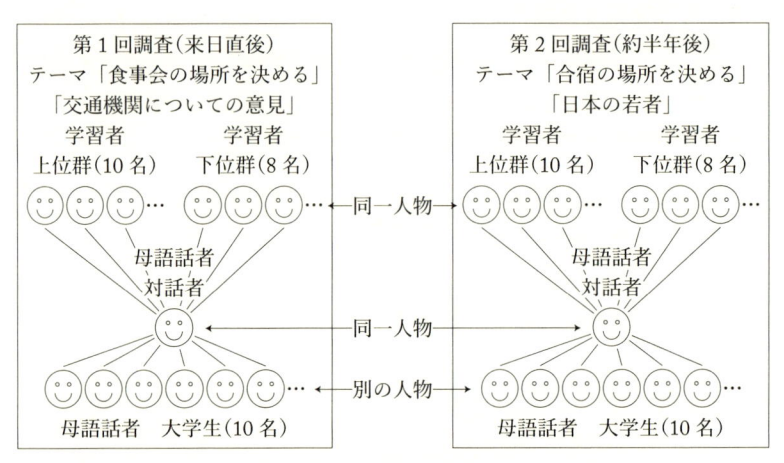

図 6-1　調査の概要

　比較対照する日本語母語話者の談話データは、学習者の対話者と同じ日本語母語話者と、第1回調査と同じ話題で、日本人大学生10名(男女5名ずつ)、第2回調査と同じ話題で、別の日本人大学生10名(男女5名ずつ)に、話ししてもらった。つまり、すべてのデータで対話者は同一人物であり、この人物と、それぞれの調査対象者には、このデータ収集時以外の交流は一切ない。(図6-1参照)

　すべての録音された談話データは、統一した基準にそって文字化され、複数の日本語教育関係者によって、相互に確認された。このデータは、学習者が意見を述べる際の談話の特徴を調べるために収集されたもので、主張の根拠を述べる発話の中に、「から」を含む推論を表わす接続表現が多く含まれている。

　実験に参加した学習者は18名(男性8名、女性10名)で、学習者の母語は、英語4名、中国語5名、ネワール語5名、タイ語、韓国語、ポーランド語、広東語各1名である。

　事前に行った語彙・文法・読解の問題からなる日本語能力試験(1級)に準拠したレベル判定テストの結果から、学習者18名を判定テストの正解率が70%未満の学習者8名(日本語能力下位群)と70%以上の学習者10名(日本語能力上位群)に分ける。

表 6-1 に学習者の国籍、母語、性別、年令などのプロフィールと事前テストの得点、録音時間、2 回の調査の間隔月数を示した。

表 6-1　学習者のプロフィールおよび発話データ録音時間

略称	国籍	母語	性別	年齢	事前テスト得点	録音時間(分) 第 1 回	録音時間(分) 第 2 回	調査のの間隔月数
U2	アメリカ	英語	女	21	18%	20	24	6
U1	アメリカ	英語	男	20	21%	21	13	7
E	イギリス	英語	男	25	37%	22	14	7
T2	台湾	中国語	女	20	58%	24	22	5
N5	ネパール	ネワール語	男	25	60%	15	15	7
A	オーストラリア	英語	女	21	60%	16	28	7
TH	タイ	タイ語	女	22	60%	18	18	7
P	ポーランド	ポーランド語	女	22	69%	20	28	7
C	イギリス	広東語	女	22	76%	19	22	7
T5	台湾	中国語	女	21	76%	23	19	3
T4	台湾	中国語	男	20	78%	16	33	5
T1	台湾	中国語	女	20	82%	15	21	5
T3	台湾	中国語	女	21	84%	18	14	5
N3	ネパール	ネワール語	男	26	85%	19	15	7
N4	ネパール	ネワール語	男	22	87%	16	19	7
N2	ネパール	ネワール語	男	24	92%	20	18	7
N1	ネパール	ネワール語	男	25	94%	20	14	7
K	韓国	韓国語	女	21	96%	16	21	7

6.3　対象とする形式

3 章で設定した節の接続と機能の 2 基準での用法分類は、表 6-2 の通りである。6 章の対象データは話しことばであるので、これらの用法すべてが対象となる。

表6-2 節の接続と機能の2基準による「から」の用法分類

横：文脈への依存度 縦：節の接続	高い ←――――――――――→ 低い		
従属関係		主節前置型「からだ」 「合格した。勉強したからだ。」	主節後置型 主節後置型共話タイプ 「勉強したから、合格した。」
等位関係		主節前置型 主節前置型共話タイプ 「合格した。勉強したから。」	
接続関係無し	無主節型 「勉強したから。」		

6.4 分析方法

6.4.1 「から」の用法構成の比較と縦断変化

　事前のテストによって、学習者を日本語能力を規準として下位群と上位群にわける。テストは能力試験1級レベルの問題で、1級試験での合格レベルである70％の正解率で、レベル分けをした。上位群と下位群の境界になったのは、正解率69％と、76％の間である。

　各学習者の談話で使用された「から」を用法ごとに分類し、使用数を算出した。それを学習者間で比較するために、談話の長さによる影響が出ないように、それぞれ20分の談話あたりの使用数に換算し、それぞれの群の合計数を出した。同じ手順で2回目の談話データも分析した。

　1回目の談話データから得られた「から」の用法構成比率を、学習者の日本語能力下位群と上位群、母語話者の比率と比較する。また、それぞれの学習者群で1回目と2回目の構成比の比較から、「から」の用法の使用範囲が拡大する方向を分析する。

6.4.2 節の広がりの比較―下位群の学習者の用法構成の変化

　5章までの分析から、書きことばにおける「から」節と主節以外の他の節の接続関係は等位接続から従属接続へという方向であることが予測された。

話しことばにおける節の広がりを、等位接続（横への広がり）と従属接続（重層的広がり）にわけて数をかぞえ、上位群と下位群で比較する。

主節後置型の「から」節の広がりは、図 6-2 のように分類する。

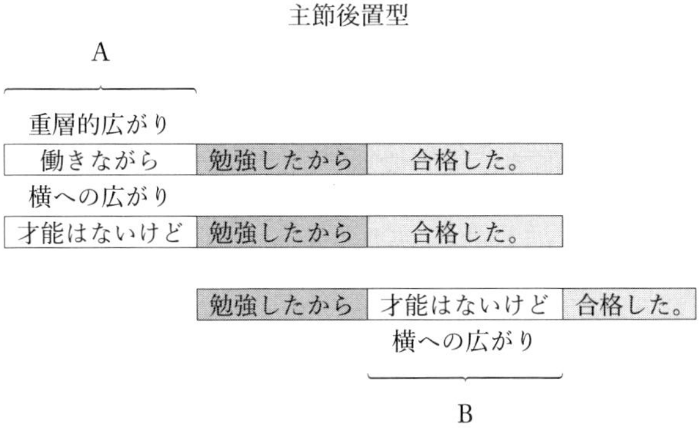

主節後置型

A

重層的広がり
| 働きながら | 勉強したから | 合格した。|

横への広がり
| 才能はないけど | 勉強したから | 合格した。|

| 勉強したから | 才能はないけど | 合格した。|
横への広がり

B

図 6-2　主節後置型の節の広がりの種類

主節後置型の場合、「から」節の前に位置する節を A、「から」節と主節の間に位置する節を B とする。A には、「働きながら、勉強したから、合格した。」の「働きながら」のように、「から」節に従属接続する「A の重層的広がり」と、「才能はないけど、勉強したから、合格した。」の「才能はないけど」のように、主節に等位接続する「A の横への広がり」がある。

B には、「勉強したから、才能はないけど、合格した。」の「才能はないけど」のように、主節に等位接続する「B の横への広がり」がある。B の位置にあって、「から」節を従属させる節は、今回のデータでは見られなかった。

```
                    主節前置型
                        C
                ┌───────────┐
           重層的広がり
       ┌────────┬─────────┬──────────┐
       │合格した。│働きながら│勉強したから│
       └────────┴─────────┴──────────┘
           横への広がり
       ┌────────┬──────────┬──────────┐
       │合格した。│才能はないけど│勉強したから│
       └────────┴──────────┴──────────┘

            ┌────────┬──────────┬──────────┐
            │合格した。│勉強したから│才能はないけど│
            └────────┴──────────┴──────────┘
                             横への広がり
                             └──────────┘
                                D
```

図6-3　主節前置型の節の広がりの種類

　主節前置型も主節後置型と同じように、図6-3に示したとおり、「から」節と主節の間に位置する節をC、「から」節の後に位置する節をDとする。Cには、「才能がないけど」のように、「から」節と等位で主節に接続する「Cの横への広がり」と、「働きながら」のように、「から」節に従属接続する「Cの重層的な広がり」がある。Dには、「Dの横への広がり」があり、Dの位置にあって、「から」節を従属させる節は、今回のデータでは見られなかった。

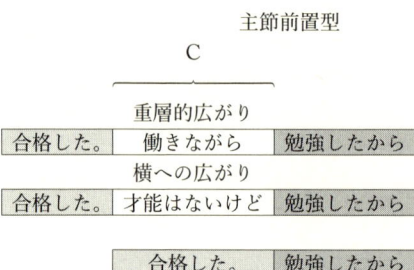

　A〜Dの「から」節の重層的な広がりと、横への広がりを分類し、数を数える。1回目と2回目の数量比較を行い、「から」節の広がりの変化を明らかにする。

6.4.3　談話構造の比較―上位群の学習者の用法構成の変化

　共話構造について、母語話者間の談話と比較する。また、接続詞と併用される無主節型「から」の数を数え、学習者の日本語能力別の横断比較、滞日期間による縦断的変化を分析する。

6.5　結果

6.5.1　「から」の用法構成の比較と縦断変化

　学習者の「から」の産出数を20分あたりにして、集計したものを表6-3

に示す。

表 6-3 「から」用法別使用数（単位時間 20 分あたり）

学習者	調査	主節後置型	主節前置型	主節前置型「からだ」	主節後置型共話タイプ	主節前置型共話タイプ	無主節型	合計
U2	1回目	0.00	0.00	0.00	0.00	0.00	0.00	0.00
	2回目	3.33	1.67	0.00	0.83	0.00	0.00	5.83
U1	1回目	7.62	0.00	0.00	0.00	0.00	0.00	7.62
	2回目	4.62	0.00	0.00	1.54	1.54	0.00	7.69
E	1回目	8.18	0.91	0.00	5.45	1.82	2.73	19.09
	2回目	15.71	7.14	0.00	0.00	1.43	14.29	38.57
T2	1回目	0.83	1.67	0.00	0.00	0.83	0.00	3.33
	2回目	0.91	0.00	0.00	0.00	0.00	0.00	0.91
N5	1回目	0.00	0.00	0.00	0.00	0.00	0.00	0.00
	2回目	9.33	4.00	0.00	0.00	0.00	2.67	16.00
A	1回目	0.00	0.00	0.00	0.00	0.00	0.00	0.00
	2回目	3.57	0.00	0.00	0.00	0.00	0.00	3.57
T	1回目	7.78	2.22	0.00	0.00	2.22	0.00	12.22
	2回目	10.00	2.22	0.00	0.00	0.00	3.33	15.56
P	1回目	2.00	3.00	0.00	1.00	0.00	0.00	6.00
	2回目	0.71	1.43	0.00	0.00	0.00	0.00	2.14
下位群小計	1回目	26.41	7.80	0.00	6.45	4.87	2.73	48.27
	2回目	48.19	16.46	0.00	2.37	2.97	20.29	90.28
C	1回目	5.26	0.00	0.00	0.00	0.00	1.05	6.32
	2回目	4.55	0.00	0.00	0.00	0.00	0.00	4.55
T5	1回目	1.74	0.00	0.00	0.00	0.87	0.87	3.48
	2回目	1.05	0.00	0.00	1.05	1.05	2.11	5.26
T4	1回目	1.25	1.25	0.00	0.00	0.00	0.00	2.50
	2回目	2.42	4.85	0.00	0.00	0.00	0.00	7.27

T1	1回目	5.33	0.00	0.00	0.00	1.33	2.67	9.33
	2回目	4.76	1.90	0.00	0.95	0.95	0.95	9.52
T2	1回目	3.33	1.11	0.00	0.00	0.00	4.44	8.89
	2回目	5.71	1.43	0.00	0.00	0.00	0.00	7.14
N3	1回目	13.68	0.00	0.00	1.05	3.16	4.21	22.11
	2回目	12.00	1.33	0.00	0.00	0.00	2.67	16.00
N4	1回目	1.25	0.00	0.00	0.00	3.75	0.00	5.00
	2回目	22.11	4.21	0.00	0.00	1.05	14.74	42.11
N2	1回目	12.00	5.00	0.00	0.00	6.00	2.00	25.00
	2回目	5.56	2.22	0.00	0.00	2.22	4.44	14.44
N1	1回目	15.00	6.00	0.00	0.00	4.00	2.00	27.00
	2回目	11.43	4.29	0.00	0.00	0.00	7.14	22.86
K	1回目	7.50	1.25	0.00	1.25	0.00	5.00	15.00
	2回目	0.00	0.00	0.00	0.00	0.00	0.95	0.95
上位群小計	1回目	66.35	14.61	0.00	2.30	19.11	22.24	124.622
	2回目	69.59	20.23	0.00	2.01	5.28	33.00	130.11

　学習者は事前テストの成績の低い順に並べ、上段が1回目、下段が2回目である。

　下位群、上位群の群ごとの合計を用法別の百分率比でグラフ化し、日本語母語話者20名のデータを集計したものも併せて表示したのが、図6-4である。

　比率でみると、下位群と上位群、学習者と母語話者を比較しても、主節後置型の比率にはほとんど違いが見られない。主節前置型「からだ」は使用されなかった。横断的には下位群よりも上位群の方が母語話者の構成比率に近く、縦断断的には下位群も上位群も2回目の方が母語話者の構成比に近い。

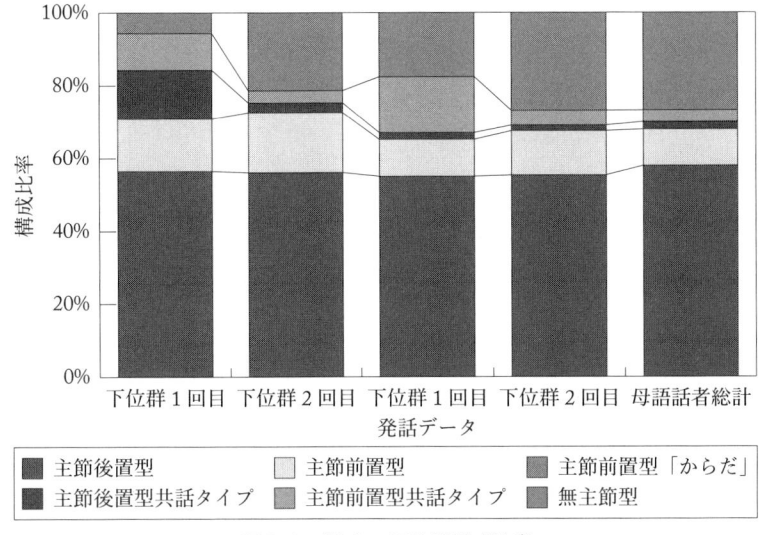

図6-4 「から」用法別構成比率

1回目下位群は、主節後置型共話タイプ、主節前置型共話タイプの占める割合が高い。

(38) （自分の国ではタクシーも古い、という発話に続けて）
　　　学習者：でも日本の運転手さんは、こう、何、白い手袋しているから、
　　　　　　　あのー、ちょっとー
　　　対話者：butler(執事)みたいですね
　　　　　　　　　　　　　　（＿＿＿部分：から、〜〜〜部分：主節相当部）

　主節後置型共話タイプが多いのは、主節の産出に時間がかかることも、原因の1つであろう。例39を見ると、対話者が、「乗らない。」と先取り完結した後、学習者は、直後にもう一度「乗りません」と主節を発話しており、学習者には「から」節と主節を一人で発話する意図がある。しかし主節までをスムーズに産出することが難しい場合、対話者に先取り完結されて、結果的に主節後置型共話タイプとなる可能性がある。

(39) （電車には、あまり乗らない、という学習者の発話を確認している）
　　　学習者：はい。アー、アッ、い今 home stay してるから［結構ち、
　　　　　　　近いところに［住んでる<u>から</u>
　　　対話者：はい］。…アーーー
　　　学習者：普通の日はあんまり、
　　　対話者：<u>乗らな</u>［い。フーン
　　　学習者：<u>乗りません</u>］、はい。でも、週末ーとかー、たまに、アノー
　　　　　　　普通の日の夜は、乗ります。アとても大変です

　1回目上位群では主節前置型共話タイプの占める割合が高い。上位群で、第1回目に主節前置型共話タイプが多くみられたのは、「発話者が発言し、聞き手が聞く」という一方向の談話ではなく、聞き手も働きかける共話型の談話構造になっているものと思われる。（例40）

(40) （遠距離の通学に自転車を利用している学習者に対して）
　　　対話者：<u>あぶなくないですか？</u>ずいぶ［ん大きな道とかも通る［んでしょう？
　　　学習者：　　　　　　　　　　　　　　［あーでも　　　　　　［あーでもわりといなかのほうですから<u>から</u>ね

　産出された「から」の用法構成の変化を、下位群と上位群で比較する。表6-4は、下位群第1回目、表6-5は、下位群第2回目の用法構成比を記したものである。母語話者の構成比を、括弧内に示した。第1回目の構成比率が、第2回目には見かけ上どのように移行したかを→で示した。

表6-4　下位群　第1回目(括弧内：母語話者)

	依存度高			依存度低
従属				主節後置型　　　　56%(58%) 主節後置型共話　13%(2%)
等位			主節前置型　　　　15%(10%) 主節前置型共話　10%(3%)	
無し	無主節型　　6%(27%)			

表6-5　下位群　第2回目(括弧内：母語話者)

	依存度高			依存度低
従属				主節後置型　　　　56%(58%) 主節後置型共話　　3%(2%)
等位			主節前置型　　　　16%(10%) 主節前置型共話　　4%(3%)	
無し	無主節型　21%(27%)			

　下位群は表6-4、表6-5を比較すると、見かけ上、主節後置型共話タイプ、主節前置型共話タイプがどちらも減って、主節前置型がわずかに増加し、無主節型が大幅に増えている。主節後置型共話タイプが、第2回目には減っているということは、発話に流暢さが増して、母語話者に依存せずに自分の発話を構成することができるようになったことが1つの理由として推測される。しかし、下位群だけでは、主節後置型共話タイプと主節前置型共話タイプの減少が同時並行的にすすむのか、どうかわからない。

　表6-6は、上位群第1回目、表6-7は、上位群第2回目の用法構成比(%)を記したものである。母語話者の構成比を、括弧内に示した。第1回目の構成比率が、第2回目には見かけ上どのように移行したかを→で示した。

　表6-6で見ると、上位群の1回目、主節後置型共話タイプの比率は、母語話者と同程度であるが、主節前置型共話タイプの比率は高い。下位群の学習者も、上位群の学習者と同じ発達過程をたどると仮定するならば、主節後置型共話タイプの比率が減る方が先であると考える。

表6-6　上位群　第1回目(括弧内：母語話者)

	依存度高		依存度低
従属			主節後置型　　　55%(58%) 主節後置型共話　2%(2%)
等位		主節前置型　　　10%(10%) 主節前置型共話　15%(3%)	
無し	無主節型 18%(27%)		

表6-7　上位群　第2回目(括弧内：母語話者)

	依存度高		依存度低
従属			主節後置型　　　55%(58%) 主節後置型共話　1%(2%)
等位		主節前置型　　　12%(10%) 主節前置型共話　4%(3%)	
無し	無主節型 28%(27%)		

　また、上位群では、表6-6、表6-7を比較すると、見かけ上は、主節前置型共話タイプから無主節型へという移行が見られる。また、わずかではあるが、主節前置型共話タイプから主節前置型へ、という移行もみられる。これらをあわせて考えると、主節後置型→主節後置型共話タイプ→主節前置型共話タイプ→主節前置型→無主節型の順で、用法構成比率が移行する可能性がでてくる。節の接続の変化でいうと、「しっかりした従属」から「散漫な並列」への変化で、話しことば的モードへの変化であることが予測される。
　しかし、これはあくまでも見かけ上の移行の方向なので、どのような仕組みで主節がない無主節型へと移行していくのかを、考察しなければならないと考える。
　次節では、比率では変化がほとんどない主節後置型と主節前置型の節の広がりに、焦点をしぼって分析する。書きことばでは、主節後置型から主節前置型「からだ」へと、構文法的モードへの発達をするときに、位置的な自由度の高い主節前置型「から」への拡大により、節の接続が構造的になることが推測された。主節後置型共話タイプあるいは主節前置型共話タイプから、

無主節型という変化は、節の接続の変化でもある。話しことばでも、節の広がりに特徴が現れる可能性がある。

6.5.2　節の広がりの比較－下位群の学習者の用法構成の変化

学習者の産出した主節後置型「から」、および、主節前置型「から」の節の広がりを「重層的広がり」と「横への広がり」に分けて、学習者ごとに節数を数え、発話時間20分当たりに換算したものと、下位群、上位群のそれぞれの平均をだした。表6-8に、縦に学習者と調査の回数、横に節の広がりの種類を配置して示した。

表6-8　主節後置型、主節前置型の「から」節の広がり（単位時間20分あたり）

		A 重層的	A 横	B 重層的	B 横	C 重層的	C 横	D 重層的	D 横
U2	1回目	0.00	0.00	0.00	0.00	0.00	0.00	0.00	0.00
U2	2回目	0.00	0.00	0.00	0.83	0.00	0.00	0.00	0.00
U1	1回目	0.00	0.00	0.00	0.00	0.00	0.00	0.00	0.00
U1	2回目	0.00	0.00	0.00	1.54	0.00	0.00	0.00	0.00
E1	1回目	0.00	0.00	0.00	1.82	0.00	0.00	0.00	0.00
E1	2回目	4.29	1.43	0.00	4.29	0.00	1.43	0.00	0.00
T2	1回目	0.00	0.00	0.00	1.67	0.00	0.00	0.00	0.00
T2	2回目	0.00	0.00	0.00	0.00	0.00	0.00	0.00	0.00
N5	1回目	0.00	0.00	0.00	0.00	0.00	0.00	0.00	0.00
N5	2回目	0.00	1.33	0.00	1.33	0.00	0.00	0.00	0.00
A	1回目	0.00	0.00	0.00	0.00	0.00	0.00	0.00	0.00
A	2回目	0.00	0.00	0.00	0.00	0.00	0.00	0.00	0.00
TH	1回目	0.00	0.00	0.00	1.11	1.11	0.00	0.00	0.00
TH	2回目	0.00	0.00	0.00	2.22	1.11	1.11	0.00	0.00
P	1回目	0.00	0.00	0.00	0.00	0.00	1.00	0.00	0.00
P	2回目	0.00	0.00	0.00	0.00	0.00	0.71	0.00	0.00

下位群平均	1回目	0.00	0.00	0.00	0.57	0.14	0.13	0.00	0.00
	2回目	0.54	0.35	0.00	1.28	0.14	0.41	0.00	0.17
C	1回目	0.00	1.05	0.00	1.05	0.00	0.00	0.00	0.00
	2回目	0.00	0.91	0.00	0.91	0.00	0.00	0.00	0.00
T5	1回目	0.87	0.00	0.00	0.00	0.00	0.00	0.00	0.00
	2回目	0.00	0.00	0.00	0.00	0.00	0.00	0.00	0.00
T4	1回目	0.00	0.00	0.00	0.00	0.00	0.00	0.00	0.00
	2回目	0.00	0.00	0.00	0.00	0.00	0.00	0.00	0.00
T1	1回目	0.00	0.00	0.00	0.00	0.00	0.00	0.00	0.00
	2回目	0.00	0.00	0.00	0.00	0.00	0.00	0.00	0.00
T3	1回目	0.00	0.00	0.00	1.11	0.00	0.00	0.00	0.00
	2回目	0.00	1.43	0.00	1.43	0.00	1.43	0.00	0.00
N3	1回目	1.05	1.05	0.00	2.11	0.00	0.00	0.00	0.00
	2回目	4.00	4.00	0.00	1.33	0.00	0.00	0.00	0.00
N4	1回目	0.00	0.00	0.00	0.00	0.00	0.00	0.00	0.00
	2回目	5.26	3.16	0.00	3.16	1.05	0.00	0.00	0.00
N2	1回目	2.00	0.00	0.00	4.00	0.00	0.00	0.00	0.00
	2回目	0.00	0.00	0.00	0.00	0.00	0.00	0.00	0.00
N1	1回目	1.00	3.00	0.00	2.00	1.00	0.00	0.00	0.00
	2回目	1.43	1.43	0.00	0.00	1.43	0.00	0.00	0.00
K	1回目	0.00	0.00	0.00	2.50	0.00	0.00	0.00	0.00
	2回目	0.00	0.00	0.00	0.00	0.00	0.00	0.00	0.00
上位群平均	1回目	0.49	0.51	0.00	1.28	0.10	0.00	0.00	0.00
	2回目	1.07	1.09	0.00	0.68	0.25	0.14	0.00	0.00

「6.4.2 節の広がりの比較」で述べたように、Aは、主節後置型「から」に先行する節で、Bは、主節後置型「から」と主節の間に位置する節である。Cは、主節前置型「から」と、主節の間に位置する節で、Dは、主節前置型「から」に後置する節である。

まず、主節後置型「から」の節の広がりである。A、Bの下位群、上位群の平均が、1回目と2回目の調査で、どのように変化したかを、図6-5に示

した。縦軸に、A、B それぞれの節の数を、発話時間 20 分当たりに換算した数を、横軸に下位群の 1 回目、2 回目、上位群の 1 回目、2 回目の順にデータを配置した。

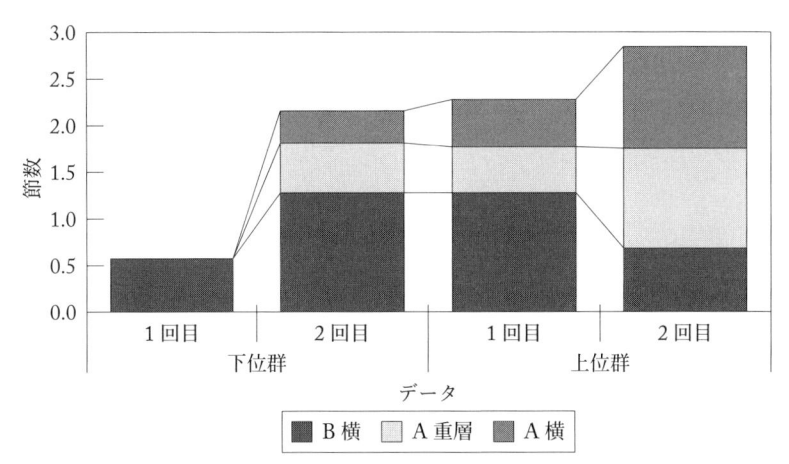

図 6-5　主節後置型「から」の節の広がりの比較（下位群と上位群、1 回目と 2 回目）

　下位群、上位群どちらも A では、重層的も横への広がりも共に増加している。1 回目には A の位置での節の広がりは見られなかったが、2 回目には、1 名が「たら」による重層的広がりを、2 名が「けど」などによる横への広がりを見せた。
　しかし、B の横への広がりでは、下位群は、学習者 8 名中、5 名が増加している。上位群では 5 名が減らしている。
　図 6-6 に、主節後置型「から」の B の横への広がりにしめる「から」の割合を示した。
　「〜から〜から主節」は書きことばでは、句読法によって無主節型と区別したが、話しことばでは、音調に区切れの無いものを「から」節の横への広がりと考えた。

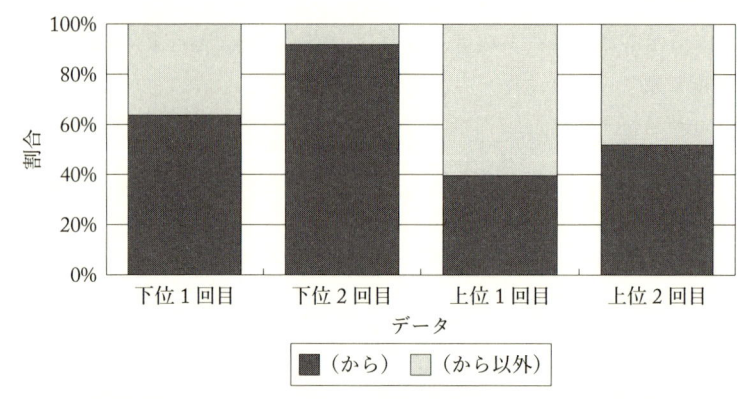

図6-6　主節後置型「から」のB 横への広がりに占める「から」の割合とその変化

　下位群は、「～から～から主節」と「から」の連続によって複数の理由を列挙する発話が、1回目から多かったが、2回目にはさらに増え90％以上となっている。

(41)　（日本人の仕事観も昔と変わってきているという意味の発話に続けて）そういう考え方が就職、サラリーマンだけじゃなくて、いろいろな仕事があるから、サラリーマンといっても、なんか全部会社、会社人になっちゃうわけじゃないから、家族も自分のこともなんかいろいろ考えながらやっていけばいいと思います

　上位群でも「～から～から主節」は50％近くを占めているが、「～から～けど」「～から～し」など、「から」ではない接続助詞を続けるものも同じ程度みられる。
　日本語母語話者の例を見ると、「から―から」の形になるものもあるが、並列的な「から」の連続は1例である。「から―と」の形をとるものが最も多く3例ある。

(42)　だから、基本的にモラルはあるんだから、まあそれぐらいはわかってしゃべってだから、こんなことやってしゃべっているから、まあそれ

はいいんじゃないかな
(43) ま、その留学生の立場から見れば、やっぱり、勉強しにわざわざ日本まで来てる訳ですからね、それで、ま、やっぱり授業中しゃべってたりするとね、やっぱり騒がしいとそいでね、こっちまでやる気ーなくしちゃうしー
(44) 何かー、いろいろな物がもうほんとに溢れてるからー何かそういうものーがやっぱりいっぱいあるとー、そういうものにやっぱり興味が行っちゃってー、
(45) 交通機関は、それが本数とか少ないし、1つがつぶれたら代えもきかないからーちょっと一個所ずれこむと、もうがたがたになっちゃう

　主節後置型と比べると主節前置型は産出数も節の広がりも小さいので、数量的な比較にはあまり適さないが、主節後置型と同じように下位群のＣの横への広がりで「から」を続けるものが4例中3例と主節後置型と同様の傾向がみられる。

(46) （自転車に乗れば早いのに、といわれて）
　　 ちょっと怖いです。東京か知らないから。道知らないから。

　主節後置型と主節前置型の両方で「から」を使用し、主節の理由を列挙する場合、節の構造が明確ではなくなることがある。

(47) （日本の若者について意見はありませんか、に対して）
　　 いろんな国の価値観が違うからー社会が違うからー批判してはいけないと思います。
　　 なぜかと言うと、人間はー、人間だからどこ行っても同じからー、まあ日本の社会が、日本の若者は、日本に住んでるからー、この社会に育てられているから

　例47では、「価値観が違う」「社会が違う」が等位で、「批判してはいけな

い」という主節と接続している。そして「人間は人間だ」「どこ行っても同じ」は、「なぜかというと」に続いているので、「批判してはいけない」を主節とするはずである。しかし、厳密には「人間は人間だから、批判してはいけない」というのは、「価値観が違うから批判してはいけない」とは、違って、「人間は(それぞれ別の人格を持った)人間だから」のように、暗黙の前提を利用しないと、意味のつながりができない。その後の「から」節も同様である。

　また、構造的にも、「から」節の主語にあたるものが「価値観が」「社会が」のように異なっている。このような意味的、構造的なずれは、節間の一貫性を緩ませる。その結果、全体のテキストを理解するためには、文脈に依存する度合いが強くなり、無主節型の「から」と特徴が似てくる。下位群で多くみられた「〜から〜から主節」のようなBの横への広がりが増加することと、無主節型の増加と、そのどちらが先になるのかはわからないが、結果として同じような効果を談話にもたらす。

　「〜から…〜から…」と「から」が2回以上続くと、主節にあたる内容を文脈から類推しながら、さらに発話が続くのかどうか、対話者が判断に迷うことになりやすい。「から」が一回である場合にくらべると、対話者はターンを取りづらいはずである。主節後置型共話タイプの比率の減少には、このような「から」の連続も影響しているのではないだろうか。

6.5.3　談話構造の比較—上位群の学習者の用法構成の変化

　上位群では、主節前置型共話タイプの減少が変化の特徴である。相手の発話に応じる形での談話への参加から、共話構造の複層化や接続詞の併用によって、話し手、聞き手の双方が働きかける談話を構成する「から」の使用へと変化している。

6.5.3.1　共話タイプにおける特徴—共話構造の複層化のはじまり

　母語話者では、複層的な共話構造に主節前置型共話タイプの「から」がみられる。例48では、①、③をうけて④が先取り完結をしている。矢印の「から」は「ここでは勉強する人いないでしょう」を主節相当部とする主節前置

型共話タイプである。さらに、⑥の「そう考えると」が①〜⑤の共話部分を照応し、もう一度⑦が⑥を先取り完結する。こうして①〜⑦まで連続する、「先取り完結」が3回続く共話構造ができている。

(48) （旅行の候補地を絞り込む場面で）
 日本人大学生：①でもやっぱりAプランの沖縄だとたしかにいいんですけど ⎫
 対話者：②うん　　　　　　　　　　　　　　　　　　　　　　　　　　 ⎬（先取り完結）
 日本人大学生：③やっぱり、飛行機とかでー、疲れてしまうような気がしてしまうんで ⎭
 対話者：④うーん、ここでは勉強する人いないでしょう ⎫
 　　　　　　　　　　　　　　　　　　　　　　　　　 ⎬〈主節前置型共話タイプ〉
 日本人大学生：⑤そう、どうしても遊びたくなってしまいますからねー ⎭
 対話者：⑥そうですよねー、 そう考えると 、まあー、沖縄はちょっと ⎫
 　　　　　　　　　　　　　　　　　　　　　　　　　　　　　　　　⎬（先取り完結）
 日本人大学生：⑦はずしたくなる ⎭
 対話者：⑧うーん、そうですねーちょっと論外って感じですねー

　例49は上位群学習者の1回目の主節前置型共話タイプの例である。2つの共話構造が最も近くで見られた例である。例48と違い、2つの共話の間には何もつながりがない。

(49) （自転車を利用する学習者と自転車放置問題について話す場面で）
 対話者：ちゃんとじゃあ、あのー道に置きっぱなしにしちゃうってことはない ⎫
 　　　　　　　　　　　　　　　　　　　　　　　　　　　　　　　　　　⎬（先取り応答）
 学習者：あーそれはないです ⎭
 対話者：ふーん
 学習者：うん

対話者：一杯置きっぱなしになってる自転
　　　　車がありますよね　　　　　　　　　〈主節前置型共話タイプ〉
学習者：あ、はいそれはまたとられたらお
　　　　金［払わなきゃなんないから

　例50は、上位群学習者の2回目の主節前置型共話タイプの例である。母語話者が上位群学習者の発話の(繰り返し)をし、それを「だから」で照応する⑥に対して、学習者は主節前置型共話タイプで理由を付加している。上位群学習者で、このあと共話構造の複層化が増える方向に発達する可能性を示す例といえる。

(50)　(なぜ日本の大学生は授業で意見を述べないのか、という話題で)
　　　対話者：①うちの中で議論します？
　　　学習者：②うちの中で？
　　　対話者：③ええ、たとえば、
　　　学習者：④あんまりしないですね
　　　対話者：⑤しないですよね　　　　　　(繰り返し)
　　　学習者：⑥あーあー
　　　対話者：⑦ だから 同じ大学の人とは議論
　　　　　　　はしない。　　　　　　　　　　〈主節前置型共話タイプ〉
　　　学習者：⑧うんそうそう、まあ言わなくて
　　　　　　　もわかってるって感じだからね
　　　対話者：⑨そうそうそうそう
　　　学習者：⑩ああ、それは日本とは変わんないか、ネパールも

　主節前置型共話タイプは、1回目は対話者の質問「なんで～ですか」だけでなく、例11のような確認要求表現「～よね」に対する返答として使用されていた。2回目は、共話構造へと発展しやすい例50のような相手の主張を表わす発話に対して使用しており、1回目と比べると、使用される状況が限定的になったため、主節前置型共話タイプの構成比がへったのではないか

6.5.3.2 無主節型における特徴—接続詞の併用

　無主節型の「から」の産出数を、文頭に接続詞を伴うかどうかで、分ける。図6-7では、横に下位群と上位群をわけ、それぞれの1回目と2回目の結果を配置し、産出された接続詞を伴う無主節型の「から」と、接続詞を伴わない無主節型「から」を分けて示した。

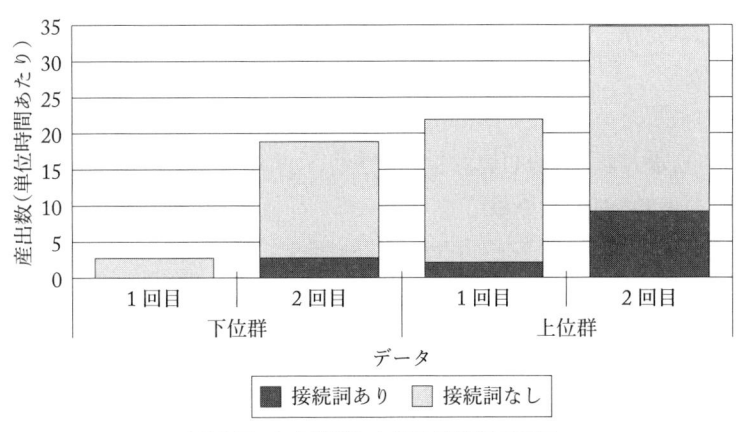

図6-7　無主節型における接続詞の有無

　1回目と2回目それぞれの横断比較では、接続詞が使用された割合は、下位群より上位群で高い。下位群でも上位群でも縦断比較すると、1回目よりも2回目のほうが、接続詞を使用した割合が高い。つまり、上位群でも下位群でも接続詞との併用によって発話の意図が明確化する方向に変化が見られる。

　使用された接続詞を見ると、1回目は上位群で2例産出されているだけであるが、どちらも「でも」である。反論を和らげるために主節相当部を省略した無主節型を利用しながら、接続詞「でも」によって、反論であることを明示する方法がストラテジーとなっているものと予想される。

(51)　でも学校に来るバスってーの［はー［1時間一本とか、その位しかな

いから、

　しかし2回目には、「でも」「だけど」のような逆接だけでなく、「だから（それ__から）」も使用されている。「だから」は、順接といわれるが、無主節型「から」と組み合わされるものは、説明開始の談話標識として機能しているものが多くみられる。例えば、例52は、③〜⑦にかけて、「だから」と無主節型「から」が連続して使用されている。この「だから」と「から」の連続では、「だから」が「説明開始」を、「から」が終助詞のような役割をはたし、因果関係を表わす意味があまりない。その結果、論理的な展開を示すのではなく、ターンを維持する役割を果たしている。

(52) （日本人の若者は自分らしく生きていないという趣旨の学習者の意見の根拠を述べている）
　　学習者：①ほとんどの人は、もうはなし、みんな、みんなと話してたらみんな同じだから、だれがだれという区別あんまりつかないで［す。こっちから見れば
　　対話者：②［あぁー
　　学習者：③［だからもし10人いれば10人の10の中に8人はだいたい同じ感覚の［人たちですから
　　対話者：④［うーん
　　学習者：⑤例えばABCいればーABC三人とも話す時、それにおんなじく感じられ［るから
　　対話者：⑥［うーんうん
　　学習者：⑦だから別にAと話してもかまわないしBと話してもかまわないしCと話してもかまわない、みんなおんなじだ［から
　　対話者：⑧［うーん

　例53も、同じ学習者の談話である。この学習者の場合、「だから〜から」「〜から、だから〜」の連続使用は、ひとつの談話パターンとなっている。

対話者が③で、「でも」とターンを取りに行っているが、④で学習者が「ですから」と、ターンを再奪取している。

(53) （学習者が日本の若者は社会に対して意見を言わないが、それは無責任だという意見をのべ、それに対して対話者は、意見を言ったところで社会は変わらない、と反論している場面）
対話者：①うん、反応しても変わらないと思っている。
学習者：②や、それは変わるか変わらないかは別の話で、まず反応しなきゃ何も起こらないから。
対話者：③うん、でも今までの経験から、
学習者：④ですから、今そのガイドラインとか作ったのは、今の親父たちですから。
対話者：⑤そうです。
学習者：⑥でも絶対苦労するのは今の若い人たちですね。

　母語話者のデータでは、接続詞が無主節型で使用される割合は、学習者と比べて低い。また、使用された接続詞は「でも」が3例と、「そうすると」「だったら」で、「だから」はない。「でも」や「そうすると」などの、母語話者が使用した接続詞と、使用しなかった「だから」では、どのような違いがあるのだろうか。
　母語話者が使った、「でも」などの逆接は、反論をしめす談話標識として、論理的にふさわしい。また、逆接の「でも」は、何度も繰り返すと、自分の意見がはっきりしなくなるので、「でも〜から。でも〜から」と連続的に使用することはできない。また、条件を表わす接続詞の場合、事柄そのものが必然的にそうなるという意味を持つため、発話意図は明確であるが、主張性が「だから」よりは強くない。
　それに対して、学習者が使った「だから」は事柄を主観的につなぐので、話し手の主張性がつよくなる。また、「だから〜から」と「〜から、だから」のように、同じ意味関係を示すものを重ねる場合は、聞き手が展開を予測する手がかりとなる。例51、53のように、「だから〜から」と「〜から、だ

から」を連続させると、予測が何度も強化されることになり、非常につよい主張という印象になる。

　無主節型での接続詞の使用による発話意図の明確化は、逆接から順接へと発達し、さらに条件を表わす接続詞の使用へと変化していく可能性がある。その結果、主張が強くなりすぎない程度に、発話意図を明確にすることができるようになると思われる。

6.6　まとめと考察

　6章では、日本に留学してきた日本語初・中級レベルの学習者が、談話で産出した「から」の用法構成の変化を、母語話者、日本語能力下位群と上位群で比較し、それぞれの縦断的変化を分析した結果、以下のことがわかった。

1. 母語話者と比べて、日本語能力下位群の「から」の用法構成は、第1回目の調査では、主節後置型共話タイプ、主節前置型共話タイプの比率が相対的に高く、無主節型の比率が低い。第2回目の調査では、主節後置型共話タイプ、主節前置型共話タイプの比率が下がり、無主節型の比率が上がり、母語話者の「から」の用法構成に近づく。

2. 母語話者と比べて、日本語能力上位群の「から」の用法構成は、第1回目の調査では、主節前置型共話タイプの比率が相対的に高く、無主節型の比率が低い。第2回目の調査では、母語話者とほとんど同じになった。主節後置型「から」の節の広がりを調べたところ、「から」節に前置する位置では、下位群、上位群ともに、重層的広がり、横への広がりのどちらも、第1回目より、第2回目の調査のほうが、単位時間あたりの節数が増加していた。「から」節と主節の間の位置での横への広がりを、第1回目と第2回目の調査でくらべると、下位群では、単位時間あたりの平均節数が増加していたが、上位群では減少していた。

　上位群では、「から」節の広がりが、「から」節と主節の間の位置から、「から」節に前置する位置へと、変化している。

3. 「から」節と主節の間に位置する「から」節の横への広がりにおける、

「〜から〜から」のような、「から」の連続によるものは、下位群の第1回目は60％、第2回目90％以上で、上位群の第1回目の調査は40％、第2回目の調査は50％であった。
4. 接続詞をともなう無主節型「から」は、第1回目の調査では、下位群では産出されていなかったが、第2回目の調査では、下位群にも産出がみられ、上位群では、無主節型「から」全体にしめる割合が増加している。接続詞の種類は、第1回目の調査では、「でも」だけであったが、第2回目の調査では、「だから」もみられた。母語話者との比較から、無主節型「から」に伴う接続詞は、逆接、順接、条件の順に産出されることが推測される。

次に、最初に立てた研究課題に答える形で、6章の結果を考察する。

6.6.1　学習者の「から」の用法構成の変化

分析の結果、用法構成の変化は共話タイプから無主節型へというものであった。

表6-9に下位群の1回目と2回目の調査における「から」の用法構成比率の差を表し、用法構成比率の推移を矢印で示した。言い換えると、表6-9で、無主節型は+15%となっているが、それは下位群の無主節型の構成比率は1回目よりも2回目の方が、15%増えていた、ということである。逆に、主節後置型共話タイプが−10%となっているのは、下位群の主節後置型共話タイプの構成比率は、1回目より2回目の方が10%減っていたということである。

同様に、表6-10に上位群の1回目と2回目の調査における「から」の用法構成比率の差を示した。下位群も上位群も共話タイプから無主節型へという用法構成比率の推移を示している。

表 6-9　下位群　第 1 回目と第 2 回目の構成比率の差

	依存度高		依存度低
従属			主節後置型 0 主節後置型共話 −10%
等位		主節前置型 +1% 主節前置型共話 −6%	
無し	無主節型 +15%		

表 6-10　上位群　第 1 回目と第 2 回目の構成比率の差

	依存度高		依存度低
従属			主節後置型 0 主節後置型共話 −1%
等位		主節前置型 +2% 主節前置型共話 −11%	
無し	無主節型 +10%		

　共話タイプは、主節前置型・主節後置型を、対話者と共同構成しているものである。主節後置型共話タイプは、対話者に依存した用法であり、主節前置型共話タイプのほうが、主体的な用法といえる。主節後置型共話タイプから、主節前置型共話タイプに構成比率の比重が移行することで、主節前置型を主体的に産出が可能になるだろう。

　主節前置型の構成比率の量はあまり変化がみられないが、無主節型が増加している。これは、「から」節の主節からの独立度が高くなる、という変化が現れているものであり、2 回目の調査の結果が、上位群、下位群ともに母語話者の結果に近づいていることから、約半年の滞日期間を経て「から」の用法は拡大していると考える。

6.6.2　「から」節の広がりの変化

　「節の広がり」については、主節後置型の「から」節の広がりを、下図 6-8 のように分類し比較した。

　「から」節と主節以外の節は、「から」節の前の A の位置か「から」節と

主節の間の B の位置におくことができる。A の位置では重層的な広がりと、横への広がりのどちらもおきるが、B の位置では、横への広がりのみが見られる。先行研究によって中間言語的な特徴とされた「から」節の連続は、B の位置にもう 1 つの「から」節が置かれるものである。

主節後置型

A

重層的広がり
| 働きながら | 勉強したから | 合格した。|

横への広がり
| 才能はないけど | 勉強したから | 合格した。|

| 勉強したから | 才能はないけど | 合格した。|
横への広がり

B

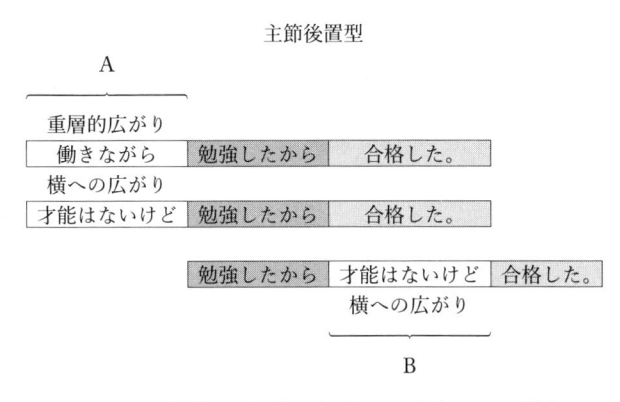

図 6-8　主節後置型の節の広がりの種類（図 6-2 再掲）

その結果、図 6-9 になる。この表から見ると、B の横への広がりは、下位群で顕著であるが、上位群では減少している。下位群の B の横への広がりのうち 1 回目 60%、2 回目 90% 以上が、「から」の連続である。

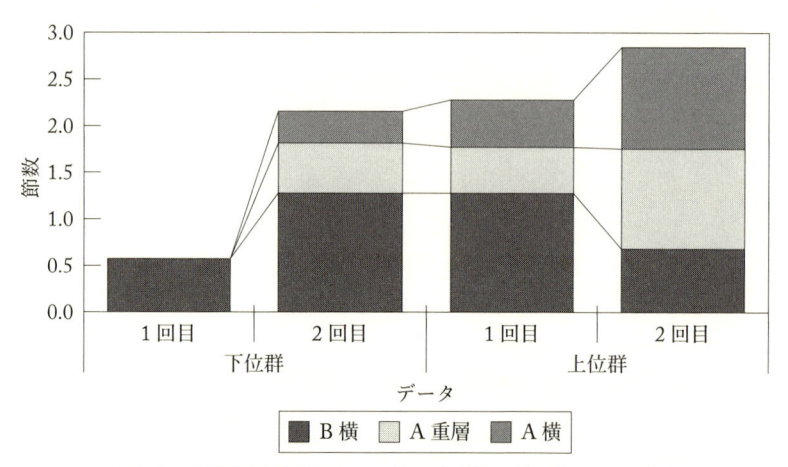

図6-9　主節後置型「から」の節の広がりの比較（図6-5再掲）

　重層的な広がりのある表現は、下位群では一人の学習者しか産出しておらず、上位群でより顕著になる特徴であろうと考える。したがって、「から」節の広がりからみる節の接続の発達の方向は、書きことばと同様、等位から従属へ、であることが予想される。

6.6.3　談話における「から」の役割の変化

　下位群では、主節後置型共話タイプから無主節型へという構成比率の推移がみられた。それは、主節の産出を対話者へ依存するものから、文脈への依存という変化である。無主節型の連続を、過剰適用した場合に2種類の中間言語的特徴のパターンが予想される。1つは、図6-10のように、無主節型の連続の途中に主節を入れることによって、「から」による横への広がりのある主節後置型になることである。もう1つは無主節型「から」が接続している内容から、暗示される主節が同じものではなくなり、論旨が不明瞭になることである。

用法	主節後置型共話タイプ	無主節型		主節後置型・主節前置型
特徴	主節の他者依存	主節の文脈依存		「から」節の並置
例文	勉強したから (対話者「合格した」)	勉強したから… 学校を休まなかったら… 国へ帰らなかったら…	⇒	勉強したから、 学校を休まなかったら、 国へ帰らなかったら、 合格した

発達の方向　　　　　　　　過剰適用

図6-10　下位群の節の接続の発達と、中間言語的な特徴(網掛け部分)

　上位群は、主節前置型共話タイプから、無主節型へという構成比率の移行がみられた。それは、賛成を表わす方法として、対話者の発話に主節を依存するものから、反対を示す方法として、接続詞で反論であることを明示しつつ、無主節型で主節は文脈に依存するものへの変化である。結果として主張が強くなりすぎるのを弱め、コミュニケーションの円滑化が図られている。しかし、「でも」のかわりに、「だから」を使用すると、強い反論となり、コミュニケーションを阻害してしまう可能性がでてくる。

用法	主節後置型共話タイプ	でも＋無主節型		だから＋無主節型
特徴	主節の他者依存	主節の文脈依存		主節の文脈依存
例文	(対話者「箱根にしよう」) 近いから	でも、高いから。	⇒	だから、高いから。

発達の方向　　　　　　　　過剰適用

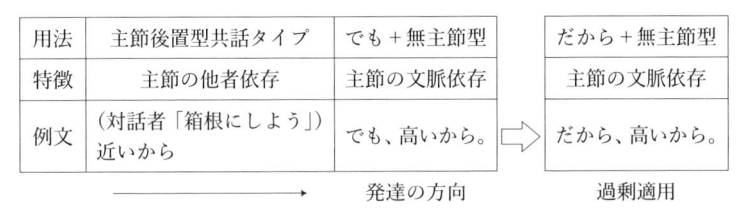

図6-11　上位群の節の接続の発達と中間言語的特徴

6.6.4　話しことばにおける「から」の用法の拡大の仮説

　話しことばの「から」の用法は、表6-11に矢印で示したとおり、主節後置型共話タイプ→主節前置型共話タイプ→無主節型の順に構成比が移行した。話しことばの言語使用領域にある「から」の用法の範囲(表6-11の点線で囲んだ部分)のなかでも、最も話しことば的モードの特徴を最も強く持つ無主節型に向かう方向であった。

表6-11 話しことばの「から」の用法の拡大の仮説

横:文脈への依存度 縦:節の接続	高い		⟶	低い
従属関係		主節前置型「からだ」		主節後置型 主節後置型共話タイプ
等位関係			主節前置型 主節前置型共話タイプ	
接続関係無し	無主節型			

太ワク内:話しことばで主に使用される用法　⬅:「から」の用法の構成比率の移行

　これは海外での教室学習環境で日本語の文法を学習していた学習者は、文法的モードの特徴を持つ主節後置型には接していたが、前文法的モードの特徴を持つ無主節型に接する機会が相対的に少なかったことによると思われる。
　ここで、共話タイプの使用が「から」の用法を無主節型にむかって拡大させるための機動力となっている。下位群では、主節後置型の産出を対話者に頼る形で、上位群では、主節前置型共話タイプによって賛成を示すなどの形で、共話タイプを産出しているうちに、文脈に依存したテキストの理解をすすめることが多い話しことばでの無主節型の使用へと拡大していくものと考えられる。
　7章では自然習得環境にある学習者の「から」の用法の使用範囲の拡大を考察する。

第 7 章
自然習得環境にある学習者の話しことばの横断分析

　6章では、教室環境における学習者の話しことばにおける「から」の用法を分析し、その結果、共話タイプが減り無主節型が増えるかたちで母語話者の使用へと近付いていく特徴があることが分かった。
　来日当初には、日本語の産出能力が不十分であることが理由で、結果的に共話タイプになっているものがある。例えば、学習者が「〜から」という切れ目で比較的ゆっくりとポーズをとっていた場合に、母語話者が発話のターンをとって「…ですね。」のように補完するようなケースである。このような主節まで言い切ることができなかったことが理由となっている消極的な共話タイプは来日後半年以上経過すると減少する。しかし逆に対話者の発話から語用論的類推を働かせて学習者が発話を補完する「〜から」や、理由という意味が非常に薄い終助詞のような「から」の使用は増えている。
　これは談話の文脈を参加者間で共同構成する特徴がある日本語の会話スタイルに習熟し、待遇的な配慮などから会話的含意をもつ発話ができるようになった、ともいえる。教室環境で学習してきた学習者にとって、滞日経験は「から」の様々な用法の実例を豊富に含んだ実際の談話を学習する機会を提供したようである。
　では、教室での習得に比べて語用論的情報がより豊富な自然習得環境における学習者では、「から」がどのように習得され、どのように用法が拡大するのだろうか。
　7章では、5名のタガログ語母語話者の会話データを横断分析し、「から」

の用法の拡大を教室習得学習者のものと比較する。

7.1 自然習得環境にある学習者の話しことばの横断分析をする目的

　教室教授を受けずに社会的交流のみによる第二言語の習得(以下、自然習得)については、これまで英語、ドイツ語などを目標とした習得研究がおこなわれており、そこでは主にゼロ形式から文法が作り上げられる過程、すなわち文法化の過程が分析されている。

　文法化とは、言語の変化を通時的に研究する歴史言語学の領域では、意味の漂白、脱範疇化、縮約などを経て、内容語が機能語へと変化する過程を言う。第二言語習得の研究領域では、「表現の語用論的、意味論的フォーマットが、①意味の構成に重要で、最終的には目標の変異に収斂する、それぞれの学習者変異の生産的な統語パターンへ、②目標言語の形態統語的規範に向かって変形されること」(Skiba & Dittmar 1992)として使われる。つまり、「から」でいうと、「から」という形式の使用が、格助詞の「から」、接続助詞の「から」などの統語パターンに整理されて、使用が日本語の規範に近付くということを言う。

　文法化の過程では、1つの機能を多くの形式で、または、1つの形式で複数の機能を表現できるようになる。これは第一言語の発達における「新しい機能は古い形式で表される」(Slobin、1973)という原理に符合し、自然習得と第一言語の発達との近似を示唆している。

　文法化の過程を具体的に述べると、たとえば理由を表現するための特定の形式を持たないゼロ形式の段階では、「食べませんでした。お腹がすきました。」のように事柄を連続して述べるという構造で表わすことができる。原因を表わす形式の使用が始まると、「から」や「て」や「ので」といった複数の形式の使用へと発達していくが、その過程では「から」が原因だけでなく、たとえば逆接の機能や条件の機能として使われるという現象も見られることがある、というものである。

　また、Skiba & Dittmar(1992)では、第二言語習得の初期段階では特定の語や構造の原型が先駆的機能を持ち、のちに習得される同じような語や構造

と競合して文法化されるとしている。これは、中間言語の発達過程の初期において、「から」が接続詞「だから」や「それから」などの似ている形式と競合して意味・機能の対応関係をつくっていく、ということを意味する。

　教室習得学習者の場合、「から」は当初格助詞「から」で提示されることが多い。その後接続助詞「から」が、理由という意味機能、複文という構造とマッピングされた状態で提供されても、使用される位置や意味がそれほど近似していないので、「混乱が起きない」のである。つまり、混乱が起きない、ということは、見方を変えると、文法的に整理された状態で提出されると、1つの形式が持つ2つの機能に共通する概念を意識するなどのダイナミックな動きが抑制されるということである。

　しかし、教室学習でもその後、「から」と「ので」「て」の使い分けのような他の接続助詞との競合や、主節前置型や無主節型などを談話の特徴として学習したり、接触場面で経験することで、用法の拡大が起きると混乱が生じる。ここで、広い意味での文法化が起きると言える。整理されないインプットを初めから受ける自然習得学習者の文法化の過程を分析することで、用法の拡大がどのように進むのか、あるいは、どんな場合に阻害されるのかなどを探り、教室活動への有意義な示唆を得たい。

　7章では自然習得環境にある学習者の話しことばのデータから、接続助詞「から」と接続詞「だから」に注目する。自然習得学習者の場合、「から」と「だから」は同じような機能と形式をもっているために、競合することによって理由表現が発達している可能性があるからである。接続形式や「から」の用法構成比率が教室習得学習者とどのように異なるのか、生産的学習者変異などを明らかにし、それぞれの学習者が「から」という形式をどのように文法化しているかを分析することで、自然習得学習者における「から」の用法の拡大がどのように進むのかについての仮説を立てることを研究課題とする。

7.2　横断分析に用いたデータ

　調査対象としたのは、日本人と結婚しているフィリピン人の学習者の女性5名に対して、ソーシャルワーカーが行ったインタビューテープとその文字

化資料である。タガログ語を母語としているが、いずれも生活言語は日本語が中心で、仕事や地域社会とのかかわりなど広範囲で日本語と接触している。日本語教室などでの学習経験はない。データ収集時の年齢、初来日時の年齢、通算滞日年数、録音時間は表 7-1 の通りである。ただし、初来日以来継続的に日本に居住していたわけではなく、中には 1 年あまり帰国を余儀なくされた者もあるが、離日期間は通算滞日年数には含まれていない。

表 7-1 学習者のプロフィールおよび発話データ録音時間

	調査時の年齢	初来日時の年齢	通算滞日年数	録音時間
学習者 1	42 歳	33 歳	7 年	38 分
学習者 2	40 歳	31 歳	8 年	44 分
学習者 3	29 歳	21 歳	7 年	57 分
学習者 4	38 歳	25 歳	13 年	57 分
学習者 5	32 歳	28 歳	4 年	36 分

7.3 対象とする形式

3 章で設定した節の接続と機能の 2 基準での用法分類は、表 7-2 の通りである。7 章の対象データは話しことばであるので、これらの用法すべてが対象となる。

表 7-2 節の接続と機能の 2 基準による「から」の用法分類

横：文脈への依存度 縦：節の接続	高い ←		→ 低い
従属関係		主節前置型「からだ」 「合格した。勉強したからだ。」	主節後置型 主節後置型共話タイプ 「勉強したから、合格した。」
等位関係		主節前置型 主節前置型共話タイプ 「合格した。勉強したから。」	
接続関係無し	無主節型 「勉強したから。」		

7.4 分析方法

　学習者の日本語能力レベルによって「から」の用法の構成比がどのように変化するのかをみるために、まず学習者の日本語能力レベルを把握することがまず必要になる。データの性質上、学習者の日本語能力を判定するテスト等は行っていないので、学習者のさまざまな観点からの総合的な日本語能力のレベルを正確に把握することは難しい。本研究では、「から」の用法の拡大という観点から分析をするため、主節後置型がもつ複文構造のような統語的発達段階に焦点をあてて、学習者の日本語能力レベルを判断する。

　学習者が使用した「から」の総数、日本語の規範とは異なる「から」の使用を Non-target-like（以下 NTL）としてその数と比率、「から」も含む複文構造の使用数、などから、学習者のレベルを判断した。

　次に、自然習得環境にある学習者の談話データから「から」「だから」を含む発話を取り出し、各学習者の談話で使用された「から」「だから」の使用数を算出した。「から」は接続形式によって分類する。先行語が動詞・イ形容詞・助動詞の場合に、規範的な接続形式を「から型」、接続時に「だ」を入れてしまう（例：きびしいだから）中間言語的特徴を持つ接続形式を「だ＋から」とする。また、先行語が、名詞、ナ形容詞、代名詞、接尾辞の場合に規範的な接続形式を「だから型」、接続時に「だ」を入れない（例：大変＿＿から）中間言語的特徴を持つ接続形式を「だ－から」とする。これらの判定については、音声テープを聞いて、音調から先行部分と連続していると考えられるものを「だ＋から」とした。判定については、3人で行い、2人の一致をみたものを採用した。

　また「から」を用法ごとに分類し、それを学習者間で比較するために、談話の長さによる影響が出ないように、それぞれ30分の談話あたりの使用数に換算する。談話データから得られた「から」の用法構成比率の日本語能力レベルによる比較から、「から」の用法の使用範囲が拡大する方向を分析する。また、教室習得学習者、母語話者の比率と比較する。

7.5 結果

7.5.1 学習者の日本語能力のレベル

「から」の学習者5名の能力レベルを比較するために、3分あたりの「から」使用数、NTL 数、NTL 割合、30分あたり複文構造使用数を調べた。その結果は表7-3のとおりである。

表7-3 「から」の使用状況および複文構造の使用状況

	30分あたり「から」使用数	30分あたりNTL 数	NTL 割合(%)	30分あたり複文構造使用数
学習者1	5.5	1.6	29.0	7
学習者2	16.3	5.5	33.7	36
学習者3	7.4	0	0	39
学習者4	69.5	3.2	4.6	135
学習者5	37.5	0.8	2.1	172

学習者1、2は NTL の割合が29.0%、33.7%で他の3名と比べて高い。NTL の割合が10%を超えないことを習得の基準にしている研究もあり、この2名は、学習者3、4、5と比べて初期段階にあるといえるだろう。学習者1、2では、複文の産出数に違いが見られる。学習者1は主節後置型「から」の使用がない。「から」を含む複文構造を作っていないことから、この5名の中では最初期段階と考える。

学習者3、4、5では、3名とも複文の産出があり、NTL の割合、30分あたりの複文構造使用数は学習者3、4、5の順になる。学習者4は産出数が最も多いが、NTL の割合は学習者5よりも高い。以上のことから、本稿では、学習者1、2、3、4、5の順に発達が進んでいると考える。

7.5.2 「から」「だから」の種類別使用数の比較

接続詞「だから」と接続助詞「から」の使用割合(表7-4)を見ると、学習者1、2では接続詞「だから」の割合が46%と59%となっており、接続助詞と同程度の接続詞が使用されていることがわかる。学習者3、4、5では複

文の使用が増加しているため、接続詞「だから」の割合が33%、5%、31%となっており、接続助詞の割合が高まっている。

「から」の種類を見ると、学習者1は、「から型」と「だ−から」だけで接続助詞は「から」、接続詞は「だから」という形式で習得されている可能性がある。学習者2は、「だから型」も「から型」も使用されているが、中間言語的特徴は「だ＋から」だけで、「だ」が過剰となっていることがわかる。初期段階にある学習者1、2の中間言語的特徴は、「から」の過剰、「だ」の過剰と異なる様相を呈しているが、全体に占める割合が14％、15％と10％を超えている。学習者3の接続形式は規範的なものばかりであり、学習者5の「だ−から」は、「立ちっぱなし＿から」という例で学習者1、2の中間言語的な特徴と比べると規範に近い接続形式になっていることがわかる。

表7-4 「から」の用法別使用数(単位時間30分あたり)

品詞	分類名	学習者1 使用数	学習者1 比率(%)	学習者2 使用数	学習者2 比率(%)	学習者3 使用数	学習者3 比率(%)	学習者4 使用数	学習者4 比率(%)	学習者5 使用数	学習者5 比率(%)
接続詞「だから」	だから	6	46	35	59	7	33	6	5	19	31
接続助詞「から」	だ−から	2	15	0	0	0	0	1	1	1	2
	だから	0	0	7	12	1	5	36	27	7	11
	だ＋から	0	0	8	14	0	0	5	4	0	0
	から	5	38	9	15	13	62	84	64	34	56
合計		13	100	59	100	21	100	132	100	61	100

7.5.3 「から」の用法の構成比率の比較

それぞれの学習者の「から」の用法の構成比を調べ、学習者を日本語能力レベルの低い順に、並べて示した結果を表7-5に示す。

表7-5 「から」の用法別使用数（単位時間30分あたり）

	主節後置型	主節前置型	主節前置型「からだ」	主節後置型共話タイプ	主節前置型共話タイプ	無主節型
学習者1	0.0	3.2	0.0	0.0	1.6	0.8
学習者2	10.9	2.0	0.0	0.7	0.7	2.0
学習者3	1.1	2.1	0.0	0.0	0.5	3.7
学習者4	24.7	17.9	0.0	0.5	2.6	23.7
学習者5	12.5	12.5	0.0	0.0	0.8	10.8

　これを、学習者ごとに用法別の百分率比でグラフ化し、6章でみた下位群の学習者1回目のデータと、日本語母語話者20名のデータを併せて表示したのが、図7-1である。
　主節後置型の占める割合に注目すると、学習者によって大きく変動している。6章でみた教室習得学習者のデータでは、成績や滞日経験に関係なく、主節後置型の比率が母語話者のものと一貫してほぼ同じであったのに比べると、主節後置型の割合に自然習得学習者ならではの特徴が表われている。教室習得の学習者の場合、主節後置型は教室で学習した際に「から」という形式とマッピングされた複文構造で原因を表わすという意味機能を持つ用法であり、学習の初期段階にあっても中間言語的な特徴を伴いながらも産出が見られる。しかし、本来は複文構造というのは最も遅い習得順序に位置するので、自然習得環境にある学習者で発達初期段階にある場合、主節後置型が現れないこともある。また、学習者2のように、複文構造の習得が始まると「〜から大丈夫」のような単語レベルの主節を伴う軸を利用して産出が増える。
　また、もう1つの特徴として、主節前置型の割合が学習者2を除いて多いことがあげられる。教室習得学習者や母語話者では20%を超えるということはないが、学習者1、3、4、5の主節前置型の割合の平均は30%である。母語話者の話しことばよりも、多くなっている理由の1つは、複文構造が難しいことだけでなく、母語の影響があるかもしれない。教室習得学習者でも、英語を母語とする学習者だけで見ると主節前置型の比率が高い。結果を

先に、原因・理由を後に、という母語の規範の影響がある可能性も否定できない。

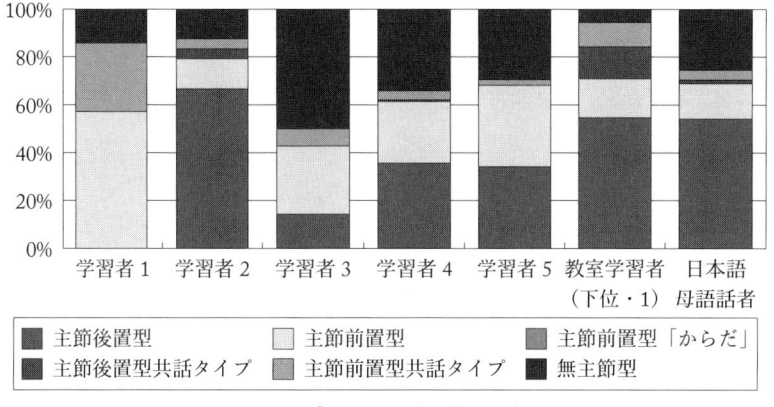

図7-1 「から」用法別構成比率

7.5.4 各学習者の「から」の用法の拡大
各学習者の「から」の産出を分析し、発達段階の特徴を明らかにする。

7.5.4.1 学習者1―「から」が「だから」と分離する段階
　学習者1は、主節後置型がないこと、主節前置型共話タイプが多いこと、で他と大きく異なる。学習者1は因果関係を表わすために、単文の文頭での接続詞「だから」と、文脈に依存して主節を省略する返答の「からです」を使用している。この2つの理由を表わす形式は、文頭では「だから」、文末では「から」と、位置によって使い分けられており、この時点では「から」と「だから」は別個のものとして分離して習得されている。
　また、原因を省略して、「だから」が単独で使用されて、本来は文頭で結果を表示する「だから」が文の後ろから理由を表示するような例がみられる。これは接続助詞の文末使用へのステップになるものと考えられる。

(54)　（なぜ、彼と結婚したのか、という質問に対して）
　　　学習者1：あー、お母さんのー、彼です。で、やさしいからー、あと、

おねえさまのー、やさしいです、だから。あと、彼ですも、やさしいです。
(意味：彼のお母さんがやさしいから。そして、お姉さんもやさしいから。そして、彼もやさしいから。)

7.5.4.2　学習者２―複文構造の習得

　学習者2は接続詞「だから」を用いた複数の生産的なパターンがみられる。たとえば、因果関係や継起関係のある事象A、Bを「Aでしょ。だから。Bでしょ。」のように接続詞「だから」の単独使用でつないでいく。このとき後ろの文が「だから」に続いて、「それ」で始まることが多く見られる。これは前文と構文の意味的な結束性の表現であり、最終的には複文へとつながる学習者の文法化の過程を示すものといえる。

(55)　学習者2：で、オーバーステイするでしょ。だから。なかなか帰れないでしょ。だから。それは大変。

　学習者1は文脈に依存して結果に当たる部分を省略していたので、単文がほとんどであった。Sato(1986)では文法化とほぼ同じ概念で統語化(syntactization)という言葉を用いているが、それは「談話的・語用論的文脈への依存が減少すると同時に中間言語の形態統語装置の使用が時間とともに目標言語に類似していくプロセス」であるとしている。学習者2はまさに文脈への依存が減少し、主節に相当する結果の部分を自ら産出し、その結果複文が作られており。文法化の過程のダイナミクスが顕著にみられる時期であろう。
　とくに従属節が名詞述語の場合、接続形式の誤用がなく、複文を産出できる。

(56)　学習者2：私お姉さんだから、もう知っている。

　だが、従属節が動詞述語の場合、「から」で接続するべきところに、「だ

がはいってしまう NTL が見られる。

(57) 学習者2：できなかっただから、少しさびしいね。

　主節前置型、無主節型などで「Aでしょ。Bだから。」という展開をする発話が目立つが、この場合Bの後に「だ」が入った状態で定型化されていると思われる。

(58) 学習者2：なんかちょっとさみしいでしょ。あの一人、もう年だから。
　　　学習者2：もう日本も来られないでしょ。あのービザもら、あの厳しいだから。

　従属節が動詞述語の場合、主節が「大丈夫」で、「〜から大丈夫」のかたまりでパターン化されているものと考えられる。

(59) 学習者2：まだまだ時間があるから大丈夫
(60) 学習者2：子供いるから大丈夫

　以上のことから、接続詞「だから」の後、「だ」をつけて接続する名詞述語が習得され、動詞述語の場合に、「だ」が余計についてしまう中間言語的な特徴がみられる。複文構造の習得の習得がはじまった時「から大丈夫」のようなかたまりが契機となって主節が複雑な複文も産出を始めることが予測できる。

7.5.4.3　学習者3―意味の拡張段階

　学習者3は、無主節型の割合が最もが多い。下の例61の「から」は自然な発話であるが、主節相当部分を言語化できない。「一番になった。」と言い切ることを避ける、相手目当てで、談話的な「から」である。

(61) 対話者：体育？体育は好きだって言ってましたけど。

　　　　学習者3：うん。
　　　　対話者：何か、えと、何だっけな、マラソン大会で。
　　　　学習者3：ああ、一番になった<u>から</u>、この前。＜笑い＞
　　　　対話者：あのスポーツ好きでしたよね。ＸＸさんも、スポーツ好き
　　　　　　　　だったでしょう？
　　　　学習者3：あたしはバレーボールが好き。

　学習者3は、「一番になって。」のように「て」で終わらせたり、「一番になったんです。」のように「のだ」を使ったりもしている。また、「たぶん、ね。」のように終助詞を用いたり、発話の最後の部分のモダリティ表現のバリエーションが豊富である。無主節型の「から」も、そういったバリエーションの一種として、用法が拡大しているものと考えられる。
　また、以下の例62では、「から」と「だから」の両方を使ってまとまりのある談話を作っている。対話者からの「なんで怒られちゃうんでしょ？」という問いかけに対して、まず、「約束守んないから。」と答えている。詳細を説明するために、「しっかりしないと」や「絶対しないから」のような主節を伴わない接続助詞による文末が続いた後、「だから、怒られちゃうの。」と「だから」を使ってこの話題をまとめることで、談話全体の一貫性を作り上げている。

(62)　対話者：なんで怒られちゃうんでしょ？
　　　　学習者3：ああ、約束守んない<u>から</u>。
　　　　対話者：ああ、どんな約束を？
　　　　学習者3：うーん、ちゃんと時間、帰ってこないと。
　　　　対話者：帰ってくる時間を守らないっていうことと、ほかにはどんな
　　　　　　　　約束があるんですか？
　　　　学習者：あと、うちん中、自分のもの片づけないと。＜二人で笑い＞
　　　　　　　　いつもお母さん、お母さんじゃ、＜笑い＞大変。もうお姉さんなんだ<u>から</u>、しっかりしないと。
　　　　対話者：ああ、なるほどね。んー、んー、帰ってくる時間のことと、

　　　　　あと、自分のものをかたづけ、かたづけるっていうことですか？
学習者3：はい。
対話者：わりとちらかしたりしちゃうの？
学習者3：ええ。
対話者：散らかしてるー。んー服とか？
学習者3：服とか全部何でも。
対話者：ああ、何か、散らかしっぱなしにしちゃうの？
学習者3：そう。
対話者：ああ、そうですか。
学習者3：<u>で</u>、もう、このへん、遊んでても、片づけない。そのまま出しっぱなし。
対話者：ああー、ウーン、あの、やりなさいって、言われたら出来る？
学習者3：できます。大きい、大きい声出さないと、＜笑い＞絶対しない<u>から</u>。＜笑い＞
対話者：ああ、そうですか。
学習者3：<u>で</u>、何回、何回、いわれてもね、また、同じことします。＜笑い＞
対話者：うーん、ああ、そうなんだ。
学習者3：<u>だから</u>、怒られちゃうの。＜二人で笑い＞

　このほかにも、後続の発話の前置き的な機能を持つ「だから」や文脈を受けて談話を展開させる機能を持つ「だから」の使用などが見られ、「から」「だから」などの接続表現を用いた談話レベルでの構造化が進んでいることがわかる。
　その一方、文法的な正確さという点からみた構造的な発達は、複雑なものに中間言語的な特徴がみられる。たとえば、「から」節の連体修飾の内容節や補足節のように構造が難しいものでは規範的な形式を作る事ができない。

(63)　学習者3：あたしは、どんな仕事させたいという、そんな無いから、

自分でやりたいことしなさい。

7.5.4.4　学習者4—意味の拡張段階

　学習者4は複文の産出数も割合も高い。特に名詞述語の「から」に接続の誤用は見られなくなる。しかし、動詞述語・形容詞述語の「から」の接続には、「だ」が入ってしまう誤用が残る。

(64)　学習者4：ちょっと保証人がほしいだから大丈夫かな。

また、主節が複雑な構造をしている文の産出はまだ、完全とは言えない。

(65)　学習者4：一緒になったって分かるでしょ。大変か、どうなるかって、まあ自分だからそれでも。
　　　（意味：一緒になったら、大変かどうかって、わかるでしょ。それでもじぶんだから。）

　Skiba & Dittmar(1992)は、単文の述語の文法化の過程で、「語クラスの変化を引き起こす」「決まり文句的表現が先駆的」「意味の拡張」などの特徴が見られるとしている。同様の特徴は、「から」「だから」を含む複文構造の文法化の過程でも見られるようである。
　学習者1、2で、「語クラスの変化を引き起こす」「決まり文句表現が先駆的」という特徴があることはすでに述べたとおりである。
　学習者4では、「意味の拡張」が見られる。「から」の談話的な機能が充実すると同時に、他の従属節も増えており、自分で文脈を作ってより多くの情報を相手に伝達することに成功している。
　「から」が原因・理由だけでなく、多くの談話的機能を担って、固有のパターンを作っている。

①原因・理由を表わす「だって〜から」
(66)　学習者4：だってあたしの仕事こっちだから。だって誰も知らないか

ら。
②原因理由の否定の対比「～はないから。～から。」
(67) 学習者4：会社のあの、仕事の日本人みんなフィリピン人だけじゃないから。日本人もいるから。
③会話の再現「(直接引用)ったから(直接引用)」
(68) 学習者4：「ちょっと誰？」ったから「ああーちょっと待って。」ったから「今シャワー浴びてるから」って。
④禁止など発話行為を示す。
(69) 学習者4：「まだ若いから」「たまーにだって、毎日じゃないから」とか、いつもそんな話。
⑤コメント的発話の結び：「それがあるから」「それだから」
(70) 学習者4：子供全部洗たくとね、アイロンもね。ぜーんぶだよ。掃除も全部しない。何も。「たまにたすけてよ。手伝いしてよ。」って手伝いするの。たまに怒るでしょ。あたしゆっても聞かない。それだから。
⑥逆接
(71) 学習者4：で、長いんだから二人、何でまだ結婚しないの。

　学習者4では逆接を示す「のに」などの副詞節の産出は見られない。
　「て」形接続の代わりに時間的な継起関係をしめしたり、「し」のように並列節を作ったり、その他多彩な機能で用いられているからである。しかし、「から」の守備範囲が広すぎるため、聞き手に内容が正確に伝わっていない場面も見られる。

(72) 学習者4：んで、たまたま妹が帰ってきたから、フィリピンね。で、旦那と一緒でしょ。で、友達も一緒でしょ。で、それでビザ貰ったからね。

　以上のことから、この段階では、自然習得環境という語用論的な情報の豊富な環境の下で談話的な能力が高まり、「から」の意味が拡張して、「から」

「だから」の競合関係は相対的に薄くなり、接続形式の誤用が減少していくことが予測される。

7.5.4.5　学習者5―複文構造の重層化段階

学習者5は複文の従属節の種類も多く、接続助詞「から」を用いた複文でも主節に疑問表現の補足節のような長く構造が難しい発話を統語上の誤りなくつくることができる。

(73)　学習者5：学校行っても、買い物行っても、毎日会ってる人がみんな日本人ですから、どこまで上手になったかって分からないんです。

この段階では、接続詞「だから」と「から」は再び分離して捉えられている。「から」の意味の拡張は続き、他の形式との組み合わせによって新しい機能を表わす。

①前置き「だから」
(74)　学習者5：ああーだからなんか、何かadvice、分るね？ advice、だからadvice わかるでしょ。
②前置き(話題の転換)「だからそうじゃなくて」
(75)　学習者5：あの、いろんな人がいるから、マニラが。うーん、もう狭くて。だからそうじゃなくて、L(地名)はあのー1時間半。近いですね。マニラ。すると場所がきれいですよ。
③返答「ってゆうには～から」
『ってゆうには～から』と呼応している。「ってゆうには」は、口語的表現の「(っ)ていうか」に近い前置き表現でのではないか。間接的な返答の並列「し」に違い「し」は使用できる。
(76)　学習者5：んーってゆうにはあんまり話さないから。あのお友達が子供いて、その子供と話しあうから。
④間接的な発話行為

(77) 学習者5：いいよ、いいよ。あとで起こすから。

7.6 考察

7.6.1 自然習得環境における「から」の発達

自然習得環境にある学習者の「から」の習得について、以下のような仮説をたてる。

(1)「から」「だから」の分離段階

理由を表わす形式として、文頭「だから」、文末「から」「からです」と分離して捉えられている。主節後置型は見られない。

(2)「から」「だから」競合段階

単文を「だから」でつなぐ方法を継起として「だから型」を使用した複文の産出が始まる。

(3)「から」「だから」の意味が拡張する段階

自然習得環境の下で「から」「だから」の意味がそれぞれに拡張して競合関係が相対的に薄くなる。

(4)複文構造の重層化段階

長く複雑な構造を持つ複文を産出するが、統語上の中間言語的特徴はわずかしか見られない。「から」「だから」は他の形式との組み合わせによってさらに意味を拡張する。

7.6.2 自然習得環境における「から」の用法の拡大

産出された「から」の用法構成を、それぞれの学習者と母語話者で比較する。表7-5は、学習者1、表7-6は、学習者2、表7-7は学習者3、表7-8は学習者4、表7-9は学習者5の用法構成比を記したものである。母語話者の構成比を、括弧内に示した。学習者の構成比率が、見かけ上どのように移行すると母語話者の規範に近付くのかを→で示した。

表 7-5　学習者 1（括弧内：母語話者）

	依存度高		依存度低
従属			主節後置型　　　　 0%(58%) 主節後置型共話　 0%(2%)
等位		主節前置型　　　57%(10%) 主節前置型共話　28%(3%)	
無し	無主節型　14%(27%)		

表 7-6　学習者 2（括弧内：母語話者）

	依存度高		依存度低
従属			主節後置型　　　　66%(58%) 主節後置型共話　 4%(2%)
等位		主節前置型　　　13%(10%) 主節前置型共話　 4%(3%)	
無し	無主節型　13%(27%)		

　学習者 1 は、主節前置型の比率が共話タイプも含めると 85% と圧倒的で、ここから主節後置型、無主節型の両方へと構成比率が移動していくことが予想される。構造の側面で従属節を目指す書きことば的モードへの発達だけでなく、無主節型の比率を高めて話しことば的モードへも用法を拡大していくものと思われる。

　学習者 2 は、学習者 1 と比べると、主節後置型の比率が母語話者の比率を超えていて、無主節型の比率はやはり、母語話者に比べて少ないということがわかる。学習者 1 の次の段階であるとすると、構造的な発達が先に進み、話しことば的モードの発達の特徴である無主節型の発達が遅れて現れるものと推測される。

　自然習得環境では、主に話しことばをインプットとしており、豊富な文脈情報があることから、話しことば的モードの用法である無主節型が先に発達する、ということも予想できた。しかし、実際には構造的な発達のほうが先行していることになる。

　学習者 1 は習得の最も初期段階で複文構造をつくれない。主節前置型が

出発点となる。単文を並列することで因果関係を示していたものが、「から」「だから」という標識を用いて、並列することで複文へと構造的な発達を図る。学習者2は、主節後置型の「から」の先行語にも、主節にも定式的表現が多い。具体的には、主節を「いい」「だいじょうぶ」として「あるからいい」「いるから大丈夫」「なれたから大丈夫」のように短い複文を生産的に作り出している。このような一部分を固定した定式表現は、Tomasello（2003）では軸文法と呼び、幼児の第一言語習得のメカニズムの１つとしている。

　学習者2の例から考えると、「から」が軸文法となる定式表現を作る際に、「あるから。」「なれたから。」のような無主節型として「～から」で完結した表現となるよりも、「～から大丈夫」「～からいい」のように一語の主節部分と「から」がくっついた形で定式化され易い、ということになる。「～から。」で終えると、発話意図を文脈に依存しなくてはならず、文脈を理解しコントロールする力が必要になるため、「～から大丈夫」「～からいい」のような表現よりも高度な言語能力がいる。むしろ原因と結果、理由と結論のような対でものごとを表わす方が明確な発話意図を容易に表わせるということで、書きことば的モードへの用法の拡大が先行するのではないだろうか。

　学習者3、4、5は、母語話者と比べると主節後置型の割合が低く、無主節型の割合が高い。

　話しことば的モードに拡大している用法が、書きことば的モードへと拡大していくという方向である。学習者3、4は、原因・理由という意味の薄い無主節型が多く見られるが、主節後置型は、「ある」「ない」「する」などの先行詞で、複数の「から」節を連続して、一人で文脈をつくりあげようとしている。

表 7-7　学習者 3（括弧内：母語話者）

	依存度高		依存度低
従属			主節後置型　　14%(58%) 主節後置型共話　0%(2%)
等位		主節前置型　　29%(10%) 主節前置型共話　7%(3%)	
無し	無主節型　50%(27%)		

表 7-8　学習者 4（括弧内：母語話者）

	依存度高		依存度低
従属			主節後置型　　36%(58%) 主節後置型共話　0%(2%)
等位		主節前置型　　26%(10%) 主節前置型共話　4%(3%)	
無し	無主節型　34%(27%)		

　表 7-9 のように、学習者 5 は、無主節型の割合は、母語話者と近くなっており、話しことば的モードへの用法の拡大は、ほぼ完了していると推測される。しかし、3、4 と同様、母語話者と比較すると主節前置型の割合が高く、主節後置型の割合が低く、書きことば的モードの用法はまだ拡大する余地が残されている。

　教室習得学習者では、下位群でも母語話者とほぼ同様の割合で主節後置型を産出していたのに比べると、やはり自然習得環境においては、文構造の習得が相対的に難しい、といえる。

表 7-9　学習者 5（括弧内：母語話者）

	依存度高			依存度低
従属				主節後置型　　　　34%(58%) 主節後置型共話　 0%(2%)
等位		主節前置型　　　　34%(10%) 主節前置型共話　 2%(3%)		
無し	無主節型　30%(27%)			

7.6.3　自然習得環境にある学習者の話しことばにおける「から」の用法の拡大の仮説

　話しことばの「から」の用法は、表 7-10 に矢印で示したとおり、主節前置型→主節後置型（定式表現的なもの）→無主節型→主節後置型の順に構成比が移行すると予想された。話しことばの言語使用領域にある「から」の用法の範囲（表 7-10 の点線で囲んだ部分）の構造的な発達と機能的な発達の両方がみられ、書きことば的モードへの発達のほうが遅くなると推測された。

表 7-10　話しことばの「から」の用法の拡大の仮説

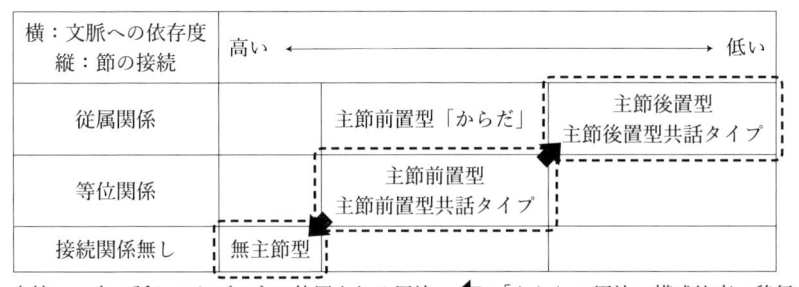

横：文脈への依存度 縦：節の接続	高い　　　　　　　　　　　　　　　　　　　低い
従属関係	主節前置型「からだ」　　主節後置型 　　　　　　　　　　　　　　　　　　主節後置型共話タイプ
等位関係	主節前置型 　　　　　　主節前置型共話タイプ
接続関係無し	無主節型

点線ワク内：話しことばで主に使用される用法　　←：「から」の用法の構成比率の移行

　8 章ではこれまでの結果をまとめて教室学習者の「から」の用法の使用範囲の拡大を考察する。

第 8 章
考察

8.1 本研究の枠組み

本研究の枠組みをもう一度簡単に振り返る。

本研究では、中間言語で「から」の用法が拡大していく過程を、Givón (1995) のディスコースプロセス対照表 (p.34、表 2-5) にもとづいて分析する。

Givón (1995) では、第二言語習得も、前文法的モードから文法的モードへ進むと主張している。この対照表であげられている特徴の中で、「から」が関連するのは、構造的領域の文構造と機能的領域の文脈への依存度の2つの基準である。構造的には単文で機能的には文脈への依存度が高いものが、前文法的モード、構造的に複文で文脈への依存度が低いものが、文法的モードである。

Givón (1995) で想定している習得と、本研究で明らかにしようとしている用法の拡大では、異なる点がある。

Givón (1995) の前文法的モードから文法的モードへの変化がみられるのは、まったくゼロのレベルの学習者が、接触場面で単語を発話し、会話の中で次第にそれが述語や文となり、統語規則が作られて言語としての体系を作っていくような過程である。「前文法的モード」という呼称は文法的モードが後になる、という文法の習得順序を表わしている。

対して、本研究で調査対象とした学習者は、主節後置型など「から」を文法項目として学習しているので複文の産出が当初からみられる。本研究で

は、このような複文構造の習得が始まっている学習者が産出する「から」のさまざまな表現方法が母語話者の規範に近づく過程を、「使用範囲の拡大」として、使用頻度の変化によって捉えようとしている。

そこで本研究では、前文法的－文法的という統語規則の習得順序を意味する用語ではなく、話しことば的－書きことば的、あるいは語用論的─統語論的と言い表わす。話しことばは、より語用論的モードの特徴をもつ用法の使用が増え、書きことばは、より統語論的モードの使用が増える、のように言語使用領域によって異なる方向に拡大すると考える。但し話しことばでみられる語用論的モードの使用の拡大は、決して文法的モードから、前文法的モードへの逆戻りを意味せず、状況にあわせた表現の多様化であり、言語使用において言語内的な意味のみならず、言語外的意味をも適切に使用できるようになることを意味する。

本研究では、「から」の用法の違いを構造と機能の違いと考え、表8-1のように、縦に構造的な特徴である「から」節の接続関係、横に機能的な特徴である「から」節と主節のつながりの文脈への依存度をとり、2つの基準で「から」の用法を分類し構造－機能表とした。

表8-1　構造－機能表

横：文脈への依存度 縦：節の接続	高い	⟶	低い
従属関係		主節前置型「からだ」	主節後置型 主節後置型共話タイプ
等位関係		主節前置型 主節前置型共話タイプ	
無し	無主節型		

8.2　「から」の用法の中間言語的発達過程の仮説（構造－機能モデル）

4章、5章、6章の研究の結果、書きことばと話しことばでは、使用される「から」の用法も異なり、使用範囲が拡大する順序も異なった。

表8-2に「から」の用法が拡大する方向を示す構成比率の移行を、書きこ

とばは黒い矢印、話しことばはうすい色の矢印で示した。

　書きことばは、接続関係が従属関係である主節後置型と主節前置型「からだ」の間で、構成比率の移行がみられた。これは表 8-2 の黒い矢印が示すように、主節前置型を経由して、構造的に最も書きことば的モードの特徴をもつ用法が機能的に多様化するものである。

　話しことばは、表 8-2 のうすい色の矢印が示すように、主節後置型共話タイプから、主節前置型共話タイプを経て、無主節型へと「から」の用法の構成比率の移行がみられた。共話タイプの産出によって、構造的にも、機能的にもより話しことば的モードの特徴をもつ用法へ多様化している。

　いずれも、意味伝達における意味が語用論的なものまで拡大した結果、語用論的にふさわしい言語使用が行えるようになった、つまり使用の多様化を意味している。

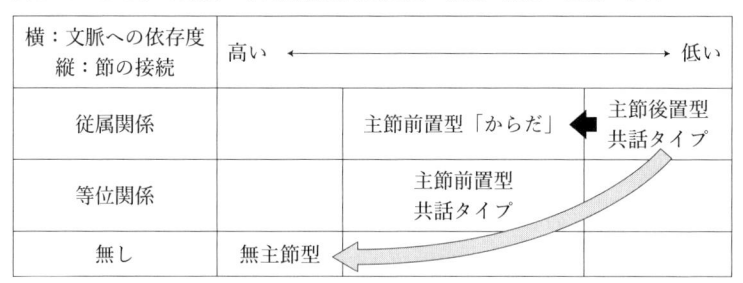

表 8-2　「から」の用法の中間言語的発達過程の仮説　構造─機能モデル

横：文脈への依存度 縦：節の接続	高い ←		→ 低い
従属関係		主節前置型「からだ」	主節後置型 共話タイプ
等位関係		主節前置型 共話タイプ	
無し	無主節型		

◀：書きことばにおける「から」の用法の構成比率の移行
◁：話しことばにおける「から」の用法の構成比率の移行

8.2.1　書きことば

　作文における「から」の用法の構成比率を学習者と母語話者で横断的比較した結果、主節前置型「からだ」の比率に違いがみられた。

　母語話者では主節前置型「からだ」は産出された「から」の約 40％を、主節後置型が約 50％を占めていた。これは作文において主張を述べた後に「なぜなら〜からだ。」と根拠とする事柄の要点をのべるという表現法の 1 つとなっている可能性がある。学習者では同じ条件で書いた作文で産出された主節前置型「からだ」は「から」全体の約 20％程度で、約 70％は主節後置

型が占めていた。

　つまり、作文にふさわしい「から」の用法として、母語話者は主節後置型と主節前置型「からだ」の2種類のバリエーションを持っているのに対して、学習者は主節後置型を主に使用し、表現のバリエーションが少ないことがわかる。

　初級レベルの学習者が授業で書いた作文で産出した「から」の用法を縦断的に比較した結果、個人差はあるが主節後置型だけを使用する状態から、主節前置型「からだ」も使用するようになっていた。

　最初に産出された用法がすべて主節後置型であったのは、教室習得学習者が教室で書く作文、という言語の使用領域への配慮した影響があると思われる。授業で習った主節があって従属接続している、より統語論的モードの特徴を持つ主節後置型を使うことが、授業で書く作文にはふさわしいと考えた可能性がある。

　主節前置型を産出しない学習者は、一度授業で主節前置型「からだ」の使用を学習しても、その後、用法が拡大しなかった。主節前置型→主節前置型「からだ」という構造の発達順序があるために、主節前置型をとびこえて主節前置型「からだ」を産出することができない、のではないかと考える。それは主節後置型から主節前置型「からだ」への発達は同じ従属構造でも、語順や「だ」による述語代用など、学習者にとって同じ構造であるということがわかりにくいためであろう。中間言語的特徴として現れた「だから」と「からだ」の混同や、丁寧体「です」の過剰、接続詞「だから」との混同なども「だ」の理解が十分になされないためにおこる現象であろう。これらの理由から、主節前置型の産出が「から」の用法の拡大にとって重要であると考える。

　横断的データでは、「〜から〜から」のような「から」の連続使用から、等位接続、そして従属接続へと構造の一般的習得順序と同じ順序であると推測された。縦断的データでは、広がりのある節の産出が少なく確認はできなかった。

　しかし、複文を主節相当の先行文とする主節前置型「から」がみられたことから、2従属節をもつ複文の産出にも、主節前置型が関与することが推測

された。

8.2.2　話しことば

　来日したばかりの学習者が、約半年の滞日経験を経て、主節後置型共話タイプ→主節前置型共話タイプ→無主節型の順で、「から」の用法を拡大していた。日本語の話しことばでよくみられる共話構造を体験することで、「から」節を主節から独立して使用できることが意識されたことが、無主節型の構成比率を増加させた1つの原因となったと考えられる。

　学習者の日本語能力レベル別に上位群と下位群にわけて、それぞれの特徴を分析した結果、下位群で横への広がり（等位接続）が多く、上位群で重層的広がり（従属接続）がみられた。このことから、「から」節の構造的な習得は、使用領域による制限などがなければ、等位接続から従属接続という構造の一般的習得順序にそったものであると思われる。

　下位群の学習者では、「から」を連続的に使用する横への広がりが増加しており、その連続が長くなると、それぞれの「から」節間で主語が異なるなど一貫性が弱まる。このような連続する主節前置型「から」の産出も、無主節型が増加する原因の1つであろうと思われる。

　一方、上位群の学習者では、無主節型と接続詞の併用が増加し、共話構造が複層化する傾向がみられた。発話の最初により大きな談話をまとめる談話標識となる接続詞を用い、最後に話し手の気持ちを表わす終助詞のような「から」を用いることで、主節をのべずに発話意図を伝達することができるようになっている。

　自然習得環境にある学習者では、教室習得学習者とは全く異なるプロセスで「から」の用法が拡大すると予想される。自然習得環境にある学習者の場合、まず主節前置型の用法の構成比率が高くなる。単文を並列する形での因果関係の表出から、「から」と「だいじょうぶ」などの一語で表わせる主節部分がひとまとまりになった「〜からだいじょうぶ」のようなオープンスロットのある短い複文構造へと構造の発達が先にみられる。次に無主節型を用いて文脈をコントロールするようになるが、生産的な主節後置型への拡大は最後になると考えられる。

教室習得環境にある学習者と比較すると、自然習得学習者の場合、長い期間日本に滞在していても、母語話者の構成比率にはなかなか近づかない。とくに、主節後置型の割合があまり高くならない。教室学習は、複文構造の習得、および、学習の速度にその効果が現れていると考えられる。

8.3 日本語教育への示唆—「から」の用法を拡大するために

8.3.1 主節前置型を意識した学習順序

書きことば、話しことばのどちらでも、「から」の用法の拡大には、主節前置型が重要であった。特に自然習得学習者の「から」の発達が主節前置型を経て、用法の拡大がおこなわれていることを考えると、書きことば的モード、話しことば的モードのどちらに向かうにしても、主節前置型が大切であることが分かる。

主節後置型を学習する前に前置型を学習することで、構造的拡大順序が等位から従属という自然な習得順序に従うので、用法の拡大を促進すると思われる。

また、主節前置型「からだ」を学習する際には、「だ」が主節に相当する文的成分をもつ従属接続であることを認識させることで、名詞述語の主節前置型「Nだから」との混同や、動詞述語文丁寧形の「動詞ますからです」などの中間言語的特徴を持つ産出などを回避や、訂正に効果があがると思われる。

8.3.2 話しことばの学習との協調

今回の研究では、日本での生活経験によって、共話タイプによる対話者への依存や、語用論的な情報に依存した無主節型「から」の産出がなされ、短期間でも用法の拡大がみられた。これは、共話タイプや無主節型など、「から」節の独立性を意識させる用法が多い話しことばとの接触機会が増えたことの影響もあると考えられる。文法中心で、会話の扱いが相対的に低い教科書では、無主節型や共話タイプなどが取り上げられていない、あるいは、話しことばで多くみられる用法の理解に必要な、語用論的な情報がないことが

ある。そのような場合には、教室学習でも自然な談話に接する機会を持つことや、自然な状況の中での会話の練習などで主節前置型を導入するなどの指導を行うことが、「から」の用法を拡大することにつながると思われる。

自然習得環境にある学習者は、当初から主節前置型の割合が高いと思われるが、無主節型への用法の拡大には、文脈を理解しコントロールする力が必要になると推測された。このことからも、文脈と切り離さないで学習することが必要であるといえよう。

8.3.3 他の接続助詞との組み合わせの明示

「〜から〜から」のような「から」の連続使用は、従属節の等位接続である。「から」節が重層的な広がりをもつためには、他の接続助詞との組み合わせについての知識が必要となる。「から」節を従属させることができる節とできない節を示すことで、規範的な重層的広がりのある「から」節を産出するための助けになるはずである。他の接続助詞との意味的な使い分けや、他の接続助詞を節の中に含むことができるかどうか、という知識の学習も必要になる。

8.3.4 接続詞との併用における注意

「から」の用法が拡大して、節と節の接続ができるようになると、書きことば、話しことばのどちらにおいても、直前の節や文との接続だけでなく、より大きな談話をまとめる方法として、接続詞の使用が見られるようになった。

また、自然習得学習者の場合、「だから」と「から」は形式も意味も似ていることから、文法化する過程で競合している可能性が示唆された。その他の接続詞との併用に関しては、限定的な分析しか行っていない。話しことばでは、「でも」との併用は反論の主張を弱める効果があるが、逆に「だから」との併用は、主張を強くしすぎてしまう可能性があることを説明する。

8.4　今後の課題

　本研究では、中間言語の書きことばと話しことばにおける「から」の用法が拡大していく過程を明らかにすることを目指して、「から」の構造的領域と、機能的領域の特徴を基準にした構造―機能モデルを仮説として提示した。

　今後、本研究をさらに発展させるための方向として次の5つの課題をあげておきたい。

　第1の課題は、本研究を通して「から」の用法の拡大に与える接続構造の習得順序の影響の一端を捉えたが、十分とはいえない。とくに書きことばにおける主節後置型から主節前置型へと拡大する際にどのような仕組みで拡大するのかを明らかにしていきたいと考える。

　今後は、調査対象を教室習得学習者に限定せず、自然習得環境にある学習者を対象とした縦断分析などの方法で、その仕組みを探り仮説の信頼度を高めたい。

　第2の課題は、本研究ではそれぞれ別の調査対象者から集めた言語データであったので、比較対照することができなかった話しことばと書きことばの関連を明らかにしたいと考える。日本語教育への示唆で述べた話しことばの学習との積極的な協調が書きことばの「から」の用法の拡大にどのような影響を与えるかを、実験的な手法によって探っていきたい。

　第3の課題は、今回の分析では、「から」の用法の拡大を、主に、節の接続の自然な習得順序との整合性によって考察したが、機能的領域の特徴である、「から」節と主節のつながりの文脈への依存度に関しては分析の精緻さにおいて不十分な面を残している。

　文脈への依存度をはかる基準として主節との主語交代の起きる割合をあげる先行研究があったが、「から」節に関しては確認していない。また、主語交代以外に一貫性をはかる基準についてさらに研究していきたい。

　第4の課題は、接続詞との関連についてである。接続詞の使用による影響が考慮されない点がその1つである。単文を「だから」で接続する方法や、複数の文を「だから」でまとめる方法など、接続詞「だから」が「から」の代わりにはたす役割や、「だから～から」のような接続詞「だから」と「から」

の併用による効果などを含めたモデルを作り上げたい。

　第5の課題は、今回分析の対象としなかった「からこそ」「からといって」のような表現や、「それは〜からです」のような形式名詞など、より多様な「から」の用法をも網羅できる仮説へと発展させることである。とくに「それは〜からです」の「から」も含めて網羅できれば、名詞修飾節のような別の体系との関連性をも論じることができる仮説へと展開していく可能性がうまれる。そのためには、構造と機能という基準を見直さなければならないと考えるが、理論的な枠組みを含めて今後の課題としたい。

参考文献

浅井美恵子(2002)「日本語作文における文の構造の分析―日本語母語話者と中国語母語の上級日本語学習者の作文比較」『日本語教育』115、51–60

有賀千賀子(1992)「対話における接続詞の機能について―「それで」の用法を手がかりに―」『日本語教育』79、89–101

池尾スミ(1963)「「〜て」(-te form)について―いわゆる理由を表わす接続形―」『日本語教育』3、39–54

池上嘉彦(1983)「テクストと言語学」『言語生活』393、16–23

市川保子(1993)「中級レベル学習者の誤用とその分析―複文構造習得過程を中心に―」『日本語教育』81、55–66

内田伸子(1999)『岩波テキストブックス　発達心理学』岩波書店

エリス、ロッド(2003)『第二言語習得のメカニズム』(牧野高吉訳)、ちくま学芸文庫、ちくま書房

大竹芳夫(2000)「基準を表わす情報―日本語の「で」と「ので」及び対応する英語の接続表現の意味と機能―」『信州大学教育学部紀要』99、45–56

大塚純子(2001)「日本語学習者の聞き手働きかけ発話の変化」『明海大学別科10周年記念論集』、42–51

大塚純子(2002)「日本語学習者の『共話型』談話への変化―台湾からの留学生の場合―」『日本語学習者と日本語母語話者の談話能力発達過程の研究―文章・音声の母語別比較―平成10〜13年度科学研究費補助金研究基盤研究(B)(1)研究成果報告書　課題番号10480049』明海大学、14–23

岡本真一郎・多門靖容(1998)「談話におけるダカラの諸用法」『日本語教育』98、49–60

尾方理恵(1993)「「から」と「ので」の使い分け」『国語研究』明治書院、844–861

沖裕子(1998)「接続詞と接続助詞の『ところで』―「転換」と「逆接」の関係―」『日本語教育』98、37–47

奥津敬一郎(1978)『「ボクハウナギダ」の文法―ダとノ―』くろしお出版

加藤陽子(1992)『複文の従属度に関する考察　接続節・主節のモダリティを中心にして』筑波大学修士論文

加藤英司(1984)「接続詞・接続助詞の使用頻度と日本語能力との関係」『日本語教育』53、139–149

河原崎幹夫・吉川武時・吉岡英幸共編著(1992)『日本語教材概説』北星堂書店

木山三佳(2001)「話し合い場面での日本語学習者と母語話者の談話の比較―意見の述べ方に見るコミュニケーション原理の違い―」『山村女子短期大学紀要』13、63–77

木山三佳(2002a)「不同意を表わす談話の特徴―母語話者と学習者の比較―」『日本語学習者と日本語母語話者の談話能力発達過程の研究―文章・音声の母語別比較―平成10〜13年度科学研究費補助金研究基盤研究(B)(1)研究成果報告書　課題番号

10480049』明海大学、71-83
木山三佳(2002b)「フィリピン人学習者の「から」と「だから」の自然習得過程―文法化に注目して―」『第二言語としての日本語の自然習得の可能性と限界　平成12〜13年度科学研究費補助金研究萌芽的研究課題番号12878043』お茶の水女子大学、12-22
木山三佳(2003a)「「から」「だから」の習得―教室学習者の事例研究―」『お茶の水女子大学人文科学紀要』56、75-90
木山三佳(2003b)「連用修飾節を構成する接続助詞類の使用実態―作文データベースを用いて―」『言語文化と日本語教育』25、13-25
木山三佳(2004)「学習者言語にみる接続助詞「から」の談話機能の発達」『世界の日本語教育』14、93-108
許夏玲(1997)「文末の「カラ」について―本来的用法から派生的用法へ―」『ことばの科学』10、73-86
久野暲(1973)『日本文法研究』大修館書店
小泉保編(2000)『言語研究における機能主義―誌上討論会―』くろしお出版
国際交流基金(1978)『教師用日本語教育ハンドブック〈3〉文法』
国立国語研究所編(1951)『現代語の助詞・助動詞―用法と実例』秀英出版
国立国語研究所編(1955)『談話語の実態』
国立国語研究所編(1960)『話しことばの文型(1)―対話資料による研究―』秀英出版
国立国語研究所編(1963)『話しことばの文型(2)―独話資料による研究―』秀英出版
国立国語研究所編(1983)『談話の研究と教育Ⅰ』(日本語教育指導参考書11)大蔵省印刷局
国立国語研究所編(2002)『日本語学習者による日本語作文とその母語訳との対訳データベース ver.2』
佐々木泰子(1995)「「共話」の理論に関する一考察」『言語文化と日本語教育　水谷信子先生退官記念号』47-59
白川博之(1991)「「カラ」で言いさす文」『広島大学教育学部紀要』2、39、249-255
砂川千穂(1999)「日本語における「とか」の文法化について―並列助詞から引用のマーカーへ―」『日本女子大学大学院文学研究科紀要』6、61-73
砂川有里子(2005)『文法と談話の接点―日本語の談話における主題展開機能の研究―』くろしお出版
杉浦まそみ子(2000)「焦点化の「だ」文の習得と談話構造の展開―2つの観点からの類型化による―」お茶の水女子大学修士論文
杉浦まそみ子(2007)『引用表現の習得研究―紀伊剛論的アプローチと機能的統語論に基づいて―』ひつじ書房
高橋太郎(1993)「省略によってできた述語形式」『日本語学』12/10、18-26
田窪行則(1987)「統語構造と文脈情報」『日本語学』6/5、37-48
田中久美子(1996)「待遇表現からみた理由提示形式―「から」の制約を中心に―＜日本語母語話者・学習者比較調査＞」お茶の水女子大学修士論文

田中寛(2004)『日本語複文表現の研究―接続と叙述の構造―』白帝社
田丸淑子・吉岡薫・木村静子(1993)「学習者の発話にみられる文構造の長期的観察」『日本語教育』81、43-54
張麟声(1998)「原因・理由を表わす「して」の使用実態について―「ので」との比較を通して」『日本語教育』96、121-131
鄭亨奎(1992)「条件の接続表現の研究―中国語話者の学習者の立場から―」『日本語教育』79、114-125
寺川みち子・榊原早織(2000)「文章表現の発達(1)接続表現の分布」『東海学園国語国文』57、35-45
寺川みち子・榊原早織(2001)「文章表現の発達(1)接続表現の分布補遺」『東海学園国語国文』59、31-40
富田隆行(1993)「原因・理由を表わす「て」について　日本教育の立場から」『東京大学留学生センター紀要』3、49-58
栃木由香(1989)「日本語学習者のストーリーテリングに関する一分析　話の展開と接続形式を中心にして」『日本語教育論集』5、59-174
永野賢(1952)「「から」と「ので」はどう違うか」『国語と国文学』2、30-41
仲真紀子(1983)「接続詞「だから」の獲得過程―論理的推論と経験的推論における「だから」の使用の発達―」『教育心理学研究』31/1、28-37
長友和彦(1993)「日本語の中間言語研究―概観―」『日本語教育』81、1-18
長友和彦(2000)「教室内日本語学習者の可能性と限界：日本語の自然習得研究が示唆するもの」『追及卓越的日本研究國際会議論文集』19-28
西由美子(1997)「新聞社説における接続表現の日英対照研究」お茶の水女子大学修士論文
野田尚史(1986)「複文における「は」と「が」の係り方」『日本語学』5/2、31-43
野田尚史・迫田久美子・渋谷勝己・小林典子(2001)『日本語学習者の文法習得』大修館書店
野村俊明(1981)「接続詞の獲得に見る因果的思考の発達」『東京大学教育学部紀要』21、173-182
芳賀綏(1962)『日本文法教室』東京堂出版
蓮沼昭子(1991)「談話における『だから』の機能」『姫路獨協大学外国語学部紀要』4、137-153
蓮沼昭子(1995)「談話接続語『だって』について」『姫路獨協大学外国語学部紀要』8、265-281
蓮沼昭子(1997)「『だって』と『でも』―取り立てと接続の相関」『姫路獨協大学外国語学部紀要』10、197-217
長谷川守寿(1998)「接続表現に基づく複文規則とそのグループ化」『文藝言語研究　言語篇』33、31-46
花井裕(1990)「「ので」の情報領域―「から」との対話性を比較して」『阪大日本語研究』2、57-81

浜田麻里(1991)「「では」の機能―推論と接続語―」『阪大日本語研究』3、25-44
濱田美和(2000)「原因・理由を表わす接続表現―中上級日本語学習者の誤用例分析を通して―」『IDUN』14、203-222
廣利正代(1993)「初級日本語学習者の接続詞・複文構造に関する縦断的習得研究」お茶の水女子大学修士論文
藤井桂子(2002)「台湾人学習者の「聞き手発話」の分析―対日中における聞き手発話の変化―」『日本語学習者と日本語母語話者の談話能力発達過程の研究―文章・音声の母語別比較―平成10～13年度科学研究費補助金研究基盤研究(B)(1)研究成果報告書　課題番号10480049』明海大学、34-45
前田直子(1991)「論理文の体系性―条件文・理由文・逆条件文をめぐって―」『日本学報』10、29-44
南不二男(1974)『現代日本語の構造』大修館書店
南不二男(1991)「現代日本語の従属句についての小調査」『日本語学』12/10、62-77
横瀬智美(2001)「習得研究における機能アプローチ(平成12年度第8回日本語教育学会研究集会発表要旨)」『日本語教育』109、142
峯布由紀(2002)「Processability theoryに基づいた第二言語習得研究」『言語文化と日本語教育2002年5月増刊特集号　第二言語習得・教育の研究最前線―あすの日本語教育への道しるべ―』28-44
益岡隆志(1997)『新日本語文法選書2　複文』くろしお出版
水谷信子(1980)「外国語の習得とコミュニケーション」『言語生活』8、28-36
水谷信子(1985)『日英比較　話しことばの文法』くろしお出版
水谷信子(2000)「日英語の談話の展開の分析―話しことばにおける接続表現を中心として―」『応用言語学研究』2、139-152
宮島達夫・仁田義雄(1995)『日本語類義表現の文法(下)複文・連文編』くろしお出版
望月通子(1990)「条件づけをめぐって―「理由」の「シテ」と「カラ」―」『日本学報』9、33-49
森岡健二他(1968)『口語文法講座2　口語文法の展望』明治書院
森田良行(1988)『日本語の類意表現』創拓社
森田良行(1989)『基礎日本語辞典』角川書店
山内洋一郎(1970)「が・に・を・ものから・ものの・ものを＜から＞＜ので＞＜のに＞」『国文学　解釈と鑑賞』11、61-67
山本もと子(2001)「接続助詞「から」と「ので」の違い―「丁寧さ」による分析―」『信州大学留学生センター紀要』2、9-21
吉田妙子(1994)「台湾人学習者における「て」形接続の誤用例分析―「原因・理由」の用法の誤用を焦点として―」『日本語教育』84、92-103
渡辺実(1971)『国語構文論』塙書房

教科書

C＆P日本語教育・教材研究会編(2000)『絵入り日本語作文入門―文型による短文作成からトピック別表現練習―』専門教育出版

門脇薫・西馬薫(1999)『みんなの日本語初級　やさしい作文』スリーエーネットワーク

佐藤政光・田中幸子・戸村佳代・池上麻希子(1994)『表現テーマ別　日本語作文の方法』第三書房

倉八順子(1997)『日本語の表現技術―読解と作文―上級』古今書院

松岡龍美、目黒真実、青山豊(2002)『記述問題テーマ100―日本留学試験対策』凡人社

辞書・辞典

日本語教育事典(1982)大修館書店
ラルース言語学用語辞典(1980)大修館書店
言語学大辞典第六巻術語編(1996)三省堂
ロングマン応用言語学用語辞典(1988)南雲堂

Alfonso, A. (1989) *Japanese language patterns*, 1, Sophia University.

Brown, P. & Levinson, S. C. (1978) Universals in language usage: Politeness phenomena, In E. Goody (Ed.) *Questions and politeness*, Cambridge: Cambridge University Press, 301–327.

Brown, P. & Levinson, S. C. (1987) *Politeness: Some universals in language usage*, Cambridge: Cambridge University Press.

Clancy, P. (1985) The acquisition of Japanese, In D. I. Slobin (Ed.) *The cross-linguistic study of acquisition: vol.1. The Data*, Hillsdale, NJ: Lawrence Erlbaum Associates, 373–524.

Clark, E. V. & Clark, H. (1977) *Psychology and language*, New York: Harcourt Brace Jovanovich.

Croft, W. (1995) Autonomy and Functional Linguistics, *Language*, 71, 490–532

Dik, S. C. (1978) *Functional Grammar*, Amsterdam, North-Holland: Foris Publications

Ellis, R. (1985) *Understanding second language acquisition*, Oxford: Oxford University Press.

Ellis, R. (1987) *Second language acquisition in Context*, Englewood Cliffs, N.J.: Prentice Hall international.

Ehrlich, S. (1988) Cohesive devices and discourse competence, *World Englishes*, 7, 2, 111–118.

Escure, G (1997) *Creole and dialect continua: standard acquisition processes in Belize and China*, Amsterdam/Philadelphia: John Benjamins Publishing.

Ferguson C. and D. I. Slobin (Eds.), *Studies of Child Language Development*, New York Holt, Rinehart and Winston

Ford, C. E. (1993) *Grammar in interaction: adverbial clauses in American English conversations*, Cambridge: Cambridge University Press.

Ford, C.E. & Mori, J. (1993) Causal markers in Japanese and English conversations: a cross-linguistic study of interactional grammar, *Pragmatics*, 4: 1, 31–61.

Fujii, Y. (1992) The order and functions of adverbial clauses in Japanese spoken discourse, *Mejiro Linguistic Society*, 109–123.

Givón, T. (1979a) *On understanding grammar*, New York: Academic Press.

Givón, T. (1979b) From discourse to syntax: grammar as a processing strategy, In T. Givón (Ed.) *Syntax and semantics*, vol. 12: Discourse and syntax, N.Y.: Academic Press.

Givón, T. (1981) Typology and functional domains, *Studies in Language*, 5, 163–93.

Givón, T. (1983) *Topic continuity in discourse: a quantitative cross-language study*, Amsterdam: John Benjamins Publishing.

Givón, T. (1985) Function, structure and language acquisition, In D. I. Slobin (Ed.) *The cross-linguistic study of language acquisition*: vol.2 Theoretical issues, Hillsdale, NJ: Lawrence Erlbaum associates, 1005–1028.

Givón, T. (1995) *Functionalism and grammar*, Amsterdam: John Benjamins Publishing.

Guitierrez-Clellen, V.F. & Iglesias, A. (1992) Causal coherence in the oral narratives of Spanish-speaking children, *Journal of Speech and Hearing Research*, 35 (2), 363–372.

Halliday M.A.K., & Hasan, R. (1976) *Cohesion in English*, London: Longman.

Hatch, E. M. (1983) *A Second language perspectives*, Rowley MA: Newbury House.

Hatch, E. M. (1978) Discourse analysis and second language acquisitionIn E. M. Hatch (Ed.) *Second Language acquisition: A book of readings*, Rowley MA: Newbury House, 401–435.

Hayashi, L. (1989) *Conjunctions and referential continuity*, University of Oregon, Eugene (ms).

Heine, B., Claudi, U. & Hunnemeyer, F. (1991) From cognition to grammar- Evidence from African languages, In E.C. Traugott & B. Heine (Eds.), *Approaches to grammaticalization* vol.1, Amsterdam: John Benjamins, 149–188.

Hopper, P. J. (1987) Emergent grammar, *Berkeley Linguistic Society*, 13, 139–157.

Hopper, P. J. & Traugott, E. C. (1993) *Grammaticalization*, Cambridge: Cambridge University Press.

Huebner, T. (1985) System and variability in interlanguage syntax, *Language Learning*, 35, 2, 141–63.

Iguchi, Y. (1998) Functional variety in the Japanese conjunctive Particle Kara 'Because', In T. Ohori (Ed.) *Workshop Series 6 Studies in Japanese grammaticalization -Cognitive and Discourse Perspectives-*, Kuroshio, 99–128.

Jorden, E. (1962) *Beginning Japanese: Part I and II*, New Heaven: Yale University Press.

Karmiloff-Smith, A. (1979) *A functional approach to child language*, Cambridge: Cambridge University Press.

Kumpf, L. (1984) Temporal systems and universality in interlanguage: a case study, In F.R. Eckman, L. Bell and D. Nelson (Eds.), *Universals of second language acquisition*, Rowley, MA: Newbury House, 132–143.

Larsen-Freeman, D. & Long, M. (1991) An introduction to second language acquisition research, New York: Longman.（牧野高吉・萬谷隆一・大場浩正訳 1995『第 2 言語習得への招待』鷹書房弓プレス）

Lyons, J. (1977) *Semantics vol.2*, Cambridge: Cambridge University Press.

Maat, H. P. & Sanders, T. (2002) Subjectivity in causal connectives: An empirical study of language in use, *Cognitive Linguistics*, 12 (3), 247–273.

Maat, H. P. & Degand, L. (2002) Scaling causal relations and connectives in terms of speaker involvement, *Cognitive Linguistics*, 12 (3), 211–245.

Matsumoto, Y. (1988) From bound grammatical markers to free discourse markers: history of some Japanese connectives, *Berkeley Linguistic Society*, vii, 340–351.

Matsui, T. (2002) Semantics and pragmatics of Japanese discourse marker dakara (so/in other words): a unitary account, *Journal of Pragmatics*, 34, 867–891.

Maynard, S. (1989) Functions of the discourse marker Dakara in Japanese conversation, *Text*, 9 (4), 389–414.

Maynard, S. (1992) Speech act declaration in conversation: functions of the Japanese datte, *Studies in Language*, 16–1, 63–89.

McCabe, A. & Preston, C. (1985) A naturalistic study of production of causal connectives by children, *Journal of Child Language*, 12 (1), 145–159.

Meillet, A. (1912) Levolution des formes grammaticales, *Linguistique historique et linguistique generale*, Paris: Champion, 130–148.

Meisel, J. (1987) Reference to past events and actions in the development of natural second language acquisition, In C. W. Pfaff (Ed.) *First and second language acquisition processes*, Cambridge, MA: Newbury House, 206–224.

Mori, J. (1994) Functions of the connective Datte in Japanese conversation, In N. Akatsuka (Ed.) *Japanese/Korean Linguistics*, 4, Stanford: CLSI Publications.

Onodera, N. O. (1993) *Pragmatic change in Japanese: Conjunctions and interjections as discourse markers*, Ph.D. dissertation, Georgetown University.

Pfaff, C. W. (1987) Functional approaches to interlanguage, In C. W. Pfaff (Ed.) *First and second language acquisition processes*, Cambridge, MA: Newbury House, 81–102.

Pfaff, C. W. (1992) The issue of grammaticalization in early German second language, *Studies of Second Language Acquisition*, 14, 273–296.

Pienemann, M. (1989) Is language teachable? Psycholinguistic experiments and hypotheses, *Applied Linguistics*, 10, 52–79.

Pienemann, M. (1998) *Language processing and second language development: Processability theory*, Amsterdam: John Benjamins Publishing.

Sankoff, G. & Brown, P. (1980) The origins of syntax in discourse: A case study in Tok Pisin relatives, In G. Sankoff (Ed.) *The social life of language*, Philadelphia: University of Pennsylvania Press, 211–256.

Sato, C. J. (1986) Conversation and interlanguage development: Rethinking the connection.

In R. Day (Ed.), Talking to learn: Conversation in second language acquisition. Rowley, MA: Newbury House

Sato, C. J. (1988) Origins of complex syntax in interlanguage development, *Studies in Second Language Acquisition*, 10, 371–395.

Schleppegrell, M. J. (1996) Strategies for discourse cohesion: Because in ESL writing, *Functions of Language*, 3, 2, 235–254.

Schiffrin, D (1987) *Discourse markers*, Cambridge: Cambridge University Press.

Silva, M. M. (1984) Development issues in the acquisition of conjunction, *Papers and Reports on Child Language Development*, 23, Sept. 106–114.

Skiba, R. & Dittmar, N. (1992) Pragmatic, semantic, and syntactic constraints and grammaticalizaion: A longitudinal perspective, *Studies in Second Language Acquisition*, 14, 323–349.

Slobin, D. I. (1971) Phycholinguistics, Glenview, Ill: Scott, Foresman & Co.

Slobin, D. I. (1973) Cognitive prerequisites for the development of grammar, In

Slobin, D. I. (1977) Language change in childhood and history, In J. Macnamara (Ed.) *Language learning and thought*, New York: Academic Press, 158–221.

Sweetser, E. (1988) Grammaticalization and semantic bleaching, *Berkeley Linguistics Society*, Proceedings of the Fourteenths Annual Meeting, 389–405.

Sweetser, E. (1990) *From etymology to pragmatics*, Cambridge: Cambridge University Press.

Tomasello, M. (2003) *Constructing a Language: A Usage-based Theory of Language Acquisition*, Cambridge, MA: Harvard University Press

Traugott, E. C. (1982) From propositional to textual and expressive meaning: Some semantic aspects of grammaticalization, In W.P. Lehman & Y. Malkiel (Eds.), *Perspectives in historical linguistics*, Amsterdam: John Benjamins Publishing, 245–271.

Traugott, E. C. & König, E. (1991) Themantics-pragmatics of grammaticalization revised, In E. C. Traugott, & B. Heine, (Eds.), *Approaches to grammaticalization I*, Amsterdam: John Benjamins Publishing, 89–218.

Tyler, A., Jefferies, A. & Davies, C. E. (1988) The effect of discourse structuring devices on listener perceptions of coherence in non-native university teacher's spoken discourse, *World Englishes*, 7, 2, summer 101–110.

van Dijk, T. A. (1979) Pragmatic connectives, *Journal of Pragmatics*, 3, 447–456

Watanabe, Y. (1994) Clause-chaining, switch-reference and action/event continuity in Japanese Discourse: The Case of te, to and zero conjunction, *Studies in Language*, 18, 1, 127–203.

あとがき

　本書は2004年お茶の水女子大学より学位を授与された博士論文をもとに、自然習得学習者の分析(7章)を書き加えたものを明海大学浦安キャンパス学術図書出版助成金を得て出版に至ったものである。本書の執筆に当たって、多くの先生方にご指導を賜った。

　指導教官である佐々木泰子先生には、研究と教育の連携というゆるぎない視座から適切なご助言をいただき、拙い論文を育てていただいた。最後の最後まで温かく励ましていただけたからこそ、なんとか論文を仕上げることができたと思う。心から感謝申し上げる。

　中間言語研究への道を開いていただいたのは、お茶の水女子大学大学院博士課程に入学時に指導教官をしていただき、宮崎大学に移られた長友和彦先生である。修士課程修了後、研究から遠ざかっていた私を大学院で鍛え直していただいた。本書で扱った自然習得科研をはじめ様々な研究の機会を与えて下さり、「研究が生活の一部にならないといけないよ。」といつもにこやかに叱咤激励してくださった。

　佐々木嘉則先生には、研究の着想から執筆、投稿までの論文作成過程をポートフォリオ作成という形式で可視化し論文執筆を現実化するという手法をご指導いただいた。またゼミで繰り返し査読していただいた。活発な意見交換を経るたびに、重要な部分を客観的にとらえる貴重な機会を得ることができた。

　論文を執筆すると改めて自分の不勉強に気づくのであるが、認知言語学的視点からみた文法化について、あるいは習得研究史上の機能主義の立場など、多くのことを森山新先生にご教示いただいた。お忙しいなか辛抱強くご指導いただき心より感謝申し上げる。

　岡崎眸先生には査読を快くお引き受けいただき、何度も貴重なご意見を頂戴した。木を見て森を見ず、というような状態に陥っているときに岡崎先生の的を射たコメントに何度も救っていただいた。

　大学院修士課程在籍時の指導教官の水谷信子先生には、修了後10年以上

を経てからの博士論文執筆にあたり再度ご指導を賜った。先生のご自宅に伺い論文指導をしていただくと必ず最後に「じゃあ、次はいつにしますか。」という一言があり、亀のような歩みしかできない出来の悪い教え子ながらも着実に進ませていただいた。

東京大学の杉浦まそみ子氏には当時お茶の水女子大学大学院でご一緒させていただいたご縁で、中間言語研究の手法、機能主義についての知見をはじめとして、杉浦氏の研究に対する情熱に圧倒されつつ実に多くのことを学ばせていただいた。

先生方を始め、大学院、研究会などでご意見をいただいた多くの皆様のご指導やご尽力によって本書を出版するにいたった。ここに厚く御礼を申し上げる。

索引

B

because 27

い

移行 89
一貫性 34–36, 116, 140
一貫性（coherence） 33
意味的な中間言語的特徴 83
意味の拡張 142

か

書きことば 153
書きことば的 44
書きことば的モード 47, 94, 146–148
書きことばらしさ 4
拡大 152
かたまり 67, 89, 139
かたまりで習得 63
から型 58
「から」の過剰 25
「から」の連続 24, 55, 114, 123, 125

き

聞き手の解釈 31

機能 6
機能・類型学的統語分析 30, 31
機能主義 30
機能的バリエーション 94
機能的領域 43
教室学習環境 128
教室環境 129
教室習得 30
教室習得学習者 131
教室習得環境 2, 87
共時的 49
共話構造 104, 117
共話構造の複層化 116, 118
共話タイプ 44, 97, 123, 128

け

形式主義 30
言語接続 30
言語変化 30, 31

こ

構成比率 62
構成比率の移行 152, 153
構造―機能表 47, 46, 94, 152
構造―機能モデル 152, 153
構造化 63, 141
構造的な発達 146, 147
構造的領域 43
呼応 144
コミュニケーションの円滑化 127
語用論的 43
語用論的モード 4
語用論的類推 129

さ

先取り完結　42, 107

し

軸文法　147
指示的接続性　34, 35
自然習得　130
自然習得環境　2, 87, 129, 131, 136, 145, 148, 149
終助詞　120
終助詞性　28
終助詞的な用法　36
重層的　88
重層的な広がり　10, 80, 81, 23
重層的広がり　111, 113, 122
従属接続　10, 20, 45, 65, 103
主観性　16–18
主語交代　34, 35
主節後置型　39, 44
主節後置型共話タイプ　39, 45, 107, 116
主節前置型　39, 40, 44, 45, 91, 92, 94, 97
主節前置型「からだ」　39–42, 44, 45
主節前置型共話タイプ　39, 42, 45, 108, 118
主張性　121
情報的機能　28

せ

接続詞　87, 116, 119
節の構造化　55
節の接続関係　20
節の接続方法　43
前文法的モード　4, 33, 43, 151

そ

それ＿から　61, 81

た

待遇性　17, 18, 28
滞日経験　98, 99, 129
対話者へ依存　126
「だ」が脱落　57
だ－から　82
だから　85, 88, 92, 120, 121, 123
「だ－から」型　59, 63, 67
「だ＋から」型　58, 59, 63, 67
「だから」型　59
脱落　82
「だ」の過剰使用　60
多様化　152, 153
談話的機能　142
談話の展開　99
談話標識　120, 121

ち

中間言語的特徴　135
中間言語的な特徴　5, 11, 24
中途終了文　30

つ

通時的　31, 49, 88

て

て　17–19
定形表現　53, 57, 68
定式表現　147
ディスコースプロセス対照表　33, 34, 43,

151
丁寧形　82
丁寧体　60
でも　121, 123
転移　18
伝達能力　2, 4, 43

と

等位接続　10, 20, 33, 45, 65, 103
統語化　138
統語規則化表　32, 33
統語論的　43
統語論的モード　93
倒置文　56
倒置法　94

の

ので　16–19

は

発話行為　143, 144
話しことば　155
話しことば的　44
話しことば的モード　47, 110, 127, 146, 148
話しことばらしさ　4

ひ

比率の移行　88
広がりのある「から」　10

ふ

付加構文　40, 41

複合構文　40, 41
文構造　20
文章構成　84, 85, 88, 92
文法化　68, 130, 138
文法的モード　4, 33, 43, 151
文末の「から」　26, 27
文脈に依存　36, 116
文脈への依存　35, 43, 46, 126

へ

並列　19, 45, 83
並列接続　20

ほ

母語の影響　136

ま

前置き　144
「ます」の過剰使用　61, 63

む

無主節　39
無主節型　40, 44, 45, 97, 123

よ

用法　6, 25, 39
用法構成　88, 122
用法構成の変化　123
用法の拡大　89, 91, 93, 97, 145
用法の拡大順序　65
用法の構成比率　9, 47, 79
用法の産出順序　80
横への広がり　10, 80, 88, 111, 113, 122

予測　121, 122

り

理由の列挙　62, 65, 83
理由を列挙　54, 56

〔著者〕**木山三佳** (きやま・みか)

東京生まれ。1986年、お茶の水女子大学文教育学部卒業。
1993年、お茶の水女子大学人文科学研究科日本言語文化専攻修了。
2004年、お茶の水女子大学人間文化研究科博士後期課程国際日本学専攻修了。
人文科学博士。現在、明海大学講師。
主要な著作・論文に『ニュースで増やす上級への語彙・表現』(2007、アルク)、
「連用修飾節を構成する接続助詞類の使用実態―作文データベースを用いて」
『言語文化と日本語教育』(2003、日本言語文化学研究会)、「学習者言語に見る接続助詞「から」の談話機能の発達」『世界の日本語教育―日本語教育論集』
(2004、国際交流基金日本語事業部)などがある。

シリーズ言語学と言語教育
【第18巻】
日本語学習者の「から」にみる伝達能力の発達

発行	2009年3月20日 初版1刷

定価	6800円+税
著者	©木山三佳
発行者	松本功
装丁者	吉岡透(ae)／明田結希(okaka design)
印刷所	株式会社 ディグ
製本所	株式会社 中條製本工場
発行所	株式会社 ひつじ書房 〒112-0011 東京都文京区千石2-1-2 2F Tel 03-5319-4916 Fax 03-5319-4917 郵便振替 00120-8-142852 toiawase@hituzi.co.jp http://www.hituzi.co.jp/

造本には充分注意しておりますが、落丁・乱丁などがございましたら、
小社かお買い上げ書店にておとりかえいたします。
ご意見、ご感想など、小社までにお寄せ下されば幸いです。

❖

ISBN978-4-89476-418-7 C3080
Printed in Japan

※タイトル・価格等に関しては仮のものです。ひつじ書房のホームページで最新情報をご確認ください。

移動労働者とその家族のための言語政策
生活者のための日本語教育
春原憲一郎編　1,600円+税　978-4-89476-387-6

日本語教育政策ウォッチ2008
定住化する外国人施策をめぐって
田尻英三編　1,600円+税　978-4-89476-408-8

文化間移動をする子どもたちの学び
教育コミュニティの創造に向けて
齋藤ひろみ・佐藤郡衛編　2,800円+税　978-4-89476-343-2　近刊

多文化社会オーストラリアの言語教育政策
松田陽子著　予価4,200円+税　978-4-89476-421-7　近刊

マイノリティの名前はどのように扱われているのか
日本の公立学校におけるニューカマーの場合
リリアン・テルミ・ハタノ著　予価4,000円＋税　978-4-89476-422-4　近刊

ブラジル日系・沖縄系移民社会における言語接触
工藤真由美他著　予価8,000円＋税　978-4-89476-423-1　近刊

清国人日本留学生の言語文化接触
相互誤解の日中教育文化交流
酒井順一郎著　予価4,000円＋税　978-4-89476-439-2　近刊

マルチ（バイ）リンガル育成と外国人児童生徒教育
中島和子他著　予価2,400円＋税　978-4-89476-446-0　近刊

「自然な日本語」を教えるために
認知言語学をふまえて
池上嘉彦・守屋三千代編著　予価2,800円＋税　978-4-89476-431-6　近刊

国際交流基金日本語教授法シリーズ第2巻 音声を教える
国際交流基金著　1,500円＋税　978-4-89476-302-9

プロフィシェンシーから見た日本語教育文法
山内博之著　予価2,200円＋税　978-4-89476-388-3　近刊

プロフィシェンシーと日本語教育
鎌田修・堤良一・山内博之編　予価6,200円＋税　978-4-89476-424-8　近刊

「大学生」になるための日本語 1
堤良一・長谷川哲子著　予価2,800円＋税　978-4-89476-435-4　近刊

目指せ、日本語教師力アップ！
OPIでいきいき授業

嶋田和子著　2,400円＋税　978-4-89476-389-0

留学生の日本語は、未来の日本語
日本語の変化のダイナミズム

金澤裕之著　2,800円＋税　978-4-89476-413-2

シリーズ言語学と言語教育 17
第二言語の音韻習得と音声言語理解に関与する言語的・社会的要因
　　　山本富美子　価未定

日本語の音声言語理解について中国北方方言話者と上海語話者、非中国語系話者を比較調査した。その結果、母語に破裂音の有声・無声の対立を持たない北方方言話者は、日本語の音声言語で生起頻度の高い破裂音の習得が困難なため、音声言語の意味理解が劣ることを明らかにした。しかし、初期段階での音声・音韻教育は，アカデミックな音声言語理解が中心となる上級段階で、北方方言話者にも集団規模で効果をもたらし、第一言語の音韻体系や個人差にも優る大きな要因として作用することを実証した。

シリーズ言語学と言語教育 19
日本語教育学研究への展望（仮題）
　　　柏崎雅世教授退官記念論集編集委員会編　価未定

東京外国語大学留学生日本語教育センターでながらく教壇に立ってこられた柏崎先生の退官を記念し、センターでゆかりのある方により30本近い論文が寄稿されている。21世紀の日本語教育の最新の成果をまとめる。